성경의 수학적 증명
(마 25:31-46)

하나님이 약속하신 복 받는 첫 계명
(엡 6:1-3 골 3:20)

머 리 말

☆ 하나님의 계명은 쉽고 가벼운 것입니다.

남에게 빚을 지지 않으며 살인 간음 도적질 거짓증거 하지 않으며 부모님을 공경하며 이웃에게 악을 행하지 않는 것은 사람들이 행할 수가 있는 것이 아니라. 동물들도 행할 수가 있는 것이기 때문에 사람들이 제일 먼저 준행해야 하며 잘 준행 한다고 자랑할 수가 없었습니다.

하나님은 하늘에 올라가라 바다를 건너 오너라 하지 않으며. 사람이라면 충분하게 행할 수가 있는 것을 행하라고 말씀 하였던 것입니다. (신 30:11-14 마 11:30)

이렇게 쉬운 계명도 지키지 못하면 하나님의 사람이라고 말하지 못하며. 악한 짐승들과 같이 되어서 죽게 되는 것은 당연한 것이기 때문에 사람들이 제일 먼저 준행할 수가 있어야 합니다. (롬 13:8-10 요일 5:2-3)

☆ 사탄의 허탄한 신화를 믿고 있었습니다.

어리석은 출애굽 백성들은 구름과 바다에서 세례를 받고 하늘에서 내려오는 신령한 음식 만나를 먹으며 반석에서 나오는 신령한 음료를 마시며 불 기둥과 구름 기둥으로 인도

2

함을 받았으나. 사탄의 허탄한 신화를 믿으며 거짓말에 속아서 하나님과 모세를 거역하며 불효하며 시험하며 죄악에 빠짐으로 광야에서 모두 죽었던 것입니다. (고전 10:1-4)

 하나님의 나라는 앵무새처럼 말만하며 행함이 없는 거짓된 믿음에 있지 않고 오직 능력에 있으므로. 세례와 떡과 포도주와 법궤와 삼손의 머리 카락과 성경책을 신비한 부적처럼 믿으면 망령되고 허탄한 사탄의 악한 신화를 믿으면 악한 자이기 때문에. 우리들은 오직 경건에 이르는 연습을 기쁨으로 계속할 수가 있어야 합니다. (딤전 4:7-9)

 왜냐하면. 하나님이 우리들을 부르신 것은 부정한 죄악을 범하게 하심이 아니요. 우리들도 예수님처럼 거룩하게 하기 위함이며. 하나님과 부모님을 공경하며 선과 의를 행하기를 힘씀으로. 하나님의 영광의 나라에 예수님처럼 능력으로 당당하게 들어 갈수가 있어야 합니다. (요 5:29 롬 1:4)
악한 자의 악한 거짓말에 속아서 세례와 떡과 포도주와 법궤와 성경책과 삼손의 머리 카락을 신비한 부적처럼 믿으며 눈에 보이는 사람에게 죄악을 범한다면. 우리들을 거룩하게 하신 하나님과 부모님에게 죄악을 범하는 것과 같기 때문입니다. (히 6:1-6 고전 4:20 살전 4:7-8)

 사탄은 참된 것이 아닌 가짜 빛과 가짜 복음과 가짜 계명과 가짜 예배와 가짜 진리와 가짜 하나님과 가짜 예수님으로 우리들을 속이고 있었으며 하나님을 믿는다 말하면서. 거짓말에 속아서 사탄을 섬기며 가짜 선생에게 속아서 사도 바울처럼 무서운 살인자의 죄악에 동의하며 동조하며 동참 하고 있었던 것입니다. (요 1:9 4:23 10:12 14:17 17:3)

☆ 우리들의 원수는 악한 사탄 마귀들 입니다.
(욥 1:6-7 고후 11:13-15)

사탄은 영광의 하나님을 대적하기 위하여 우리들의 부모님으로 세상에 다시 오신 예수님을 무고하게 정죄하며 시험하며 십자가에 못 박아 죽였으며. 오늘도 하나님과 부모님을 거역하며 불효하며 핍박하며 시험하며 또 다시 십자에 못박아 죽이고 있었던 것입니다. (히 6:6)

예수님은 하나님을 섬기며 예배하는 제사장들과 장로들과 베드로와 자신 까지도 사탄의 일을 할 수가 있다는 것을 알고 있었기 때문에 사람의 일을 먼저 생각하며 사탄의 일을 하는 제자 베드로의 어리석은 거짓말에 속지 않았으며 하나님의 일을 먼저 행함으로 사랑하는 제자 베드로를 죄악의 시험에서 구원할 수가 있었던 것입니다. (마 16:23)

하나님의 사람들은 어떤 시험과 고난과 핍박이 있어도 악하고 음탕한 음행의 죄악을 범하지 않아야 하며 하나님과 예수님의 명령 이라도 악하고 속된 죄악을 범하지 않으며 삼위 일체 가족의 사랑의 약속을 예수님처럼 죽음으로 먼저 완성할 수가 있어야 합니다. (행 10:9-16)

왜냐하면 원수 사탄 마귀는 광명의 천사가 타락함으로 사탄이 되었으며 영광의 하나님을 대적 하다가 세상에 쫓겨내려 왔으며. 사람들을 자신의 방패로 삼으며 사람들의 마음 속에 숨어서 살고 있었으며 사람들에게 미움 원망 욕심 욕함 거짓 싸움의 독사의 독이 가득 들어 있는 죄악의 열매를 입으로 계속하여 받아 먹으라고. 옛 뱀의 악한 거짓말을 계속하고 있었던 것입니다. (벧후 2:4 계 12:12)

압복 강가의 야곱은 사람의 마음 속에 몰래 숨어서 함께 살고 있는 미움 원망 욕심 욕함 거짓 싸움의 독사의 독이 가득 들어 있는 죄악의 열매를 다시는 입으로 받아 먹지 않으며. 삼위일체 사랑의 가정을 완성하기 위하여 하나님의 전신 갑주를 입고 자신의 마음속에 살고 있는 죄악의 시험을 이기기 위한 간절한 기도의 씨름을 하였으며. 형 에서에게 땅에 일곱 번 몸을 굽히며 나아 갔으며 삼위일체 사랑의 가정을 완성 하였습니다. 우리들도 야곱처럼 삼위일체 사랑의 가정을 완성하여 삼위일체 사랑의 약속을 죽음으로 완성할 수가 있어야 합니다. (창 32:24 33:1-11 엡 6:12)

O 진짜 원수는 악한 사탄 마귀 입니다.

예수님은 나는 너희에게 이르노니 너희 원수를 사랑하며 핍박하는 자를 위하여 기도 하라 하였으며 사람의 원수가

자기 집안 식구라고 말씀 하였으나. 그러나 우리들의 진짜 원수는 옛 뱀이며 사탄 마귀이며 큰 용 입니다. (창 3:1-5 3:15 마 5:43-44 10:35-36 계 12:9)

삼위일체 사랑의 가정의 집안 식구들은. 악한 사탄이 틈을 타서 악하게 만들어 놓은 가짜 원수이기 때문에 얍복 강 가의 야곱처럼 하나님의 전신 갑주를 입고 삼위일체 가족의 사랑의 약속을 예수님처럼 죽음으로 먼저 완성하기 위한 간절한 기도의 씨름을 할 수가 있어야 합니다.

왜냐하면. 나의 외모나 성공과 실패를 보지 않고 나의 곁에서 나와 함께 울면서 참 사랑으로 우리들을 지켜줄 사람들은 삼위일체 사랑의 가족들과 형제이며. 그리고 이것이 하나님의 약속 있는 복 받는 첫 계명의 약속이며 또한 영생의 약속이기 때문 입니다. (시 133:1-3 엡 6:1-3)

O 아벨의 제사는 받고 가인의 제사는 받지 않은 이유는.

악한 자가 거룩하신 하나님을 눈으로 보면 죽게 되기 때문 입니다. 하나님은 의인들의 제사와 예배는 기뻐하지만 불효자와 악한 자의 제사와 예배는 받지 못하며 기뻐할 수가 없었기 때문 입니다. (출 19:21-22 사 6:5 시 101:6-8)

형 가인은 ① 하나님과 부모님을 거역하며 불효 하였으며

② 부모님이 가르쳐 주는 대로 제사 하지 않으며 마음대로 제사를 드렸으며 ③ 사탄의 악한 거짓말에 속어서 동생을 미워하며 질투함으로 동생을 죽이는 살인자가 되었습니다. ④ 악한 자 편에 서서 교만하며 불평 하였습니다. ⑤ 자신의 죄악을 숨기며 변명하며 눈물로 완전히 회개하지 않음으로 용서함을 받지 못한 것입니다. (창 4:2-9)

동생 아벨은 하나님과 부모님의 사랑과 은혜를 잊지 않으며 공경하며 효도하며 의로운 자 편에 서 있었으며. 비록 죽었으나 의로운 자라는 칭함을 하나님께 받았습니다.

셋은 하나님과 부모님의 사랑과 은혜를 잊지 않으며 기억함으로 부모님의 삼위일체 사랑의 가정을 완성하여 아담의 혈통을 있는 자가 되었으며. 우리들의 부모님들의 조상이 되었습니다. (창 5:1-5 히 11:4 요일 3:12)

☆ 아담이 에덴 동산에서 쫓겨난 이유는.

첫 사람 하와가 악한 뱀의 거짓말에 속아서. 선악을 알게 하는 나무의 열매를 먹고 선악과를 먹어도 되는 것인 줄로 잘못 알고서. 하와가 아담에게 주어서 아담이 먹었기 때문에 죽게 된 것이 아닙니다. (창 3:2-6)

우리들이 어렸을 때에 알지 못하고 악한 거짓말에 속아서 잘못 행한 죄악은. 사랑과 은혜가 풍성하신 하나님 앞에서

자신들의 죄악을 눈물로 완전히 회개하면 용서함을 받을 수가 있었습니다. (행 17:30 딤전 1:13)

그러나. 하나님을 무서워하며 두려워함으로 변명하며 핑계하며 짝지어 축복하여 주신 아내의 일체의 사랑의 약속을 배반하면 용서함을 받지 못하게 됩니다. (아 8:5-7 계 21:8)

왜냐하면. 사랑과 은혜의 하나님 아버지 앞에서 짝지어서 축복하며 기뻐하신 삼위일체 가족의 영원한 사랑의 약속을 배반하면. 하나님의 아들의 직분을 잃어 버리게 되며 하나님과 부모님의 아들이 받을 수가 있는 칭의와 친고죄의 특권을 받을 수가 없으며 죄값을 피 값으로 생명 값으로 갚아야 하기 때문 입니다. (창 2:17-18 3:10-12 마 5:26)

☆ 마음과 목숨과 뜻을 다하여 천국을 침노해야 합니다.

세례 요한의 때부터. 예수님의 사랑과 은혜로 구원을 선물로 받을 수가 있으며 마음과 목숨과 뜻을 다하여 천국을 침노하면 누구든지 빼앗긴 천국을 찾을 수가 있습니다.

천국은 힘을 다하여 천국을 만들어야만 천국이 완성 되며. 지옥은 힘들게 만들지 않아도 저절로 지옥이 됩니다.

천국은 힘을 다하여 천국을 침노할 때에만 천국에 들어 갈 수가 있으며 지옥은 아무것도 하지 않고 그대로 있으면. 저절로 지옥에 들어가게 됩니다. (마 11:12 고전 3:16-17)

☆ 마지막 제 3 의 복음은.

 하늘의 천사들이 세상의 모든 사람들에게 하나님의 영원히 변하지 않는 하나님의 복음과 죄에 대하여 의에 대하여 심판에 대하여 세상을 책망할 때에는 돌아온 탕자처럼 자신의 옛 죄악을 다시 생각하며 기억하며 눈물로 완전히 회개하며 아들이라 칭함을 감당치 못하겠으니 종이라 하소서 하며 슬퍼하며 통곡하며 울어야 합니다.
 하나님의 제 삼의 영원한 진리의 복음이 선포되며 둘째 천사 와 셋째 천사의 심판의 경고가 시작 되면 하나님의 공평하신 공의의 심판이 시작되기 때문에 예수님 안에서 내 부모님을 공경하라는 하나님의 약속 있는 복 받는 첫 계명을 예수님처럼 죽음으로 완성해야 합니다. (엡 6:1-3)
 삼위일체 사랑의 가정을 완성하여 삼위일체 사랑의 약속을 예수님처럼 죽음으로 완성함으로. 성결의 영으로서 죽은 자 가운데서 무덤에서 부활하여 능력으로 당당하게 하나님의 아들로 인정되는 자격을 예수 그리스도처럼 선물로 받을 수 가 있어야 한다는 것이. 모든 민족과 모든 종교를 초월하여 온 세상의 모든 사람들에게 전하는 하나님 아버지의 영원한 마지막 진리의 복음 입니다. (롬 1:4 계 14:6-13)

○ ○ 차례 ○ ○

성경의 수학적 증명 은.

 과학적으로 수학적으로 율법적으로 도덕적으로 성경적 으로 이성적으로 역사적으로 논리적으로 확인하며 점검 하며 확증하여도 확실하며 정확한 하나님 아버지의 영원한 진리의 말씀 입니다. (요 8:32-36 계 14:6-13)

1. 기독자의 기도.

 하나님과 부모님의 영광과 찬송을 먼저 구해야 합니다. 사람들 앞에서 자신이 높임을 받는다면 하나님께 미움을 받게 될 것이기 때문에 자신의 유익을 먼저 구하지 않으며. 하나님과 부모님의 유익을 먼저 구하며 많은 사람의 기쁨과 유익을 먼저 구하며 많은 사람을 죄악에서 먼저 구원할 수가 있어야 합니다. (눅 16:15 고전 10:24 10:33)

 하나님과 부모님을 공경하며 효도하며 동등 됨을 취하지 않으며. 그 이름을 영화롭게 하며 악하고 음란한 악한 세대의 악한 풍습과 악한 습관을 자신의 배설물처럼 깨끗하게 버리며 망령되고 허탄한 사탄의 악한 신화를 믿지 않으며 오직 경건에 이르는 연습을 기쁨으로 계속할 수가 있어야 합니다. (빌 2:5-8 3:7-8 딤전 4:7-9)

 하나님과 부모님의 징계와 교훈과 채찍과 죽음의 불 시험을 무서워하며 싫어하며 피하지 않으며 고난 중에서 인내함과 순종함을 배우며 온전하게 자라서. 의인 욥처럼 사망에서 생명을 구원하는 의로운 지혜를 배우며 예수 그리스도의 장성한 분량이 충만한데 까지 빨리 자라서 하늘에 계신 우리 아버지의 온전하심 같이 온전해 져야 합니다.

 하나님과 부모님을 공경하며 항상 기뻐하며 쉬지 않고 기도하며 범사에 감사하며 오래 참고 멀리 내다보며 오래 기다리며. 미움 원망 욕심 욕함 거짓 싸움의 독사의 독이 가득 들어있는 죄악의 열매를 입으로 받아 먹지 않으며. 아무 에게도 아무 빚도 지지 않으며 살인 간음 도적질 거짓 증거하지 않으며 이웃에게 악을 행하지 않으며 선과 의를 행하기를 힘써야 합니다. (롬 13:8-10)

하나님의 아들을 믿는 것과 아는 일에 하나가 되어서 온전한 사람이 되며 사람들의 간사한 유혹과 악한 궤술에 빠져서 요동치 않으며 오직 사랑 안에서 참된 일을 행하며 예수 그리스도의 장성한 분량이 충만한 데까지 빨리 자랄 수가 있어야 합니다. (마 5:48 엡 4:14-15)

예수님처럼 성결의 영으로써 죽은 자 가운데서 무덤에서 부활하여 능력으로 하나님의 아들로 인정되는 자격을 예수님처럼 당당하게 선물로 받을 수가 있어야 합니다.

예수님이 십자가에서 먼저 돌아 가심으로. 아버지의 뜻을 하늘에서 완성하신 것처럼 땅에서도 삼위일체 가족의 사랑의 약속을 예수님처럼 죽음으로 먼저 완성함으로 하늘에 있는 것이나 땅에 있는 것들이 모두 예수 그리스도 이름 으로 통일 되어야 합니다. (마 6:10 엡 1:10)

우리들을 죄악에서 다시 구원하기 위하여 우리들의 부모님이 되어서 세상에 다시 오신 예수님의 이름으로 간절히 기도 하였습니다. 아멘 아멘 아멘 (요 1:1-3)

2. 귀한 생명을 선물로 주신 값은.

높고 높은 하늘이라 말들 하지만 나는 나는 높은게 또 하나 있지 낳으시고 기르시는 하나님과 부모님의 사랑과 은혜 푸른 하늘 그 보다 더 높은 것 같애. (엡 3:14-19)

우리들은 하늘보다 높으며 바다보다 넓으며 일만 달란트보다 큰 사랑과 은혜 가운데서 세상에 태어났으며. 귀한 생명을 선물로 주시며 이름을 지어서 불러주시며 가르쳐 주신 하나님과 부모님의 큰 사랑과 은혜는 우리들의 생명으로도 갚을 수가 없는 큰 사랑과 큰 은혜 입니다.

왜냐하면. 사람이 짐승으로 태어나지 않고 사람으로 태어난 것은 우리에게 귀한 생명을 선물로 주시며 이름을 지어서 불러주신 하나님과 부모님의 큰 사랑과 큰 은혜가 있었기 때문 입니다. (창 1:26 사 55:1-3 엡 6:1-3)

우리에게 귀한 생명을 선물로 주시며 이름을 지어서 불러주시며 가르쳐 주시며 자라게 하여 주신 하나님과 부모님의 사랑과 은혜가 없었다면. 사람으로 태어날 수가 없었을 것이기 때문 입니다. (시 96:4-7 고전 3:6-9)

그러므로. 우리들의 생명은 우리들의 것이 아닙니다. 우리에게 귀한 생명을 선물로 주시며 이름을 지어서 불러 주며 가르쳐 주시며 자라게 하여 주신 하나님과 부모님의 것

입니다. (롬 5:6-8 14:7-8 마 18:23-35)

하나님과 부모님의 일만 달란트 보다 더 많은 큰 사랑과 큰 은혜는 모두 갚지 못한다고 할지라도. 우리들은 백 데나리온 이라도 감사함으로 먼저 빨리 갚을 수가 있어야 합니다.

우리들은 호흡이 있을 때까지 하나님과 부모님에게 영광과 찬송과 경배를 드리며 하나님과 부모님의 동등 됨을 취하지 않으며 먼저 사랑의 종이 되어서 삼위일체 가족의 사랑의 약속을 예수님처럼 죽음으로 먼저 완성함으로. 성결의 영으로서 죽은 자 가운데서 무덤에서 부활하여 능력으로. 하나님과 부모님의 아들로 인정되는 자격을 하나님께 능력으로 당당하게 인정 받을 수가 있어야 합니다.

O 의인 욥처럼 의인들이 되어야만 겨우 구원을 하나님께 선물로 받을 수가 있습니다. (벧전 4:18)

의인들은 하나님과 부모님을 공경하며 효도함으로 생명의 말씀과 지혜의 말씀과 명철의 말씀을 배우며. 사망에서 생명을 구원하는 하나님의 의로운 지혜를 먼저 배움으로 하나님과 부모님의 얼굴을 볼 수가 있었기 때문에 겨우 구원을 선물로 받을 수가 있었습니다. (사 55:1-3 엡 6:1-3)

의인 욥은 겨우 구원을 선물로 받을 수가 있었는데. 사탄이 의인 욥을 질투하며 시험 하였으며 의인 욥은 하나님에 대한 사랑의 약속과 정절의 약속과 비둘기의 순결함을 지키며. 사탄의 죽음의 불 시험과 고난과 핍박을 정금처럼 통과함으로 완전한 의인이 될 수가 있었던 것입니다.

☆ 그러므로. 의인은 하나도 없으며 없었습니다.

의인은 없나니 하나도 없으며 깨닫는 자도 없고 하나님을 찾는 자도 없고 다 치우쳐 한가지로 무익하게 되고 선을 행하는 자가 없나니 하나도 없도다. (롬 3:10-18)
저의 목구멍은 열린 무덤이요 그 혀로는 속임을 베풀며 그 입술에는 독사의 독이 있고 그 입에는 저주와 악독이 가득하고 그 발은 피 흘리는데 빠른지라 파멸과 고생이 그 길에 있어 평강의 길을 알지 못하였고 저희 눈 앞에 하나님을 두려워 함이 없느니라 하며 하나님은 울고 있었습니다.
왜냐하면. 우리들은 기억하지 못하고 생각하지 못하고 잊어 버리고 있었지만. 우리들에게 귀한 생명을 선물로 주시며 이름을 지어서 불러 주시며 가르쳐 주시며 자라게 하여 주신 하나님과 부모님은. 우리들의 생명을 죽음에서 구원하며 죄악에서 다시 살리기 위하여. 자신의 생명을 십자가에서 먼저 버리셨기 때문 입니다. (사 53:1-9)
우리들은 하늘보다 높으며 바다보다 넓은 하나님과 부모님의 사랑과 은혜를 기억하지 못하고 생각하지 못하고 잊어 버리며 하나님과 부모님의 동등함을 취하며 거역하며 불효하면서 수미산 보다 더 큰 죄악을 범하였으며. 내가 죄인들의 괴수이기 때문에. 우리들은 행함과 선행으로 구원을 받을 수가 없으며. 하나님과 부모님의 사랑과 은혜를 마음으로 먼저 믿음으로써 믿음으로 믿음에 이르게 되며 겨우 구원을 선물로 받을 수가 있었습니다. (롬 1:17)

그러나. 아무 에게도 아무 빚도 지지 않으며 살인 간음 도적질 거짓증거 하지 않으며 부모님을 공경하며 이웃에게 악을 행하지 않으며 선과 의를 행하기를 힘쓰는 사람들을 의로운 사람이라 칭의 하여 부르고 있었으며. 이러한 죄인들과 의인들은 세상에 많이 있었습니다. (마 5:20)

O 사탄의 종 된 자는 무서워하며 두려워함으로 피 흘리며 싸우기를 힘쓰지 않으며. 삼위일체 가족의 영원한 사랑과 은혜의 약속을 배반한 배신자 입니다. (창 3:12 계 21:8)

자신만 살려고 사랑하는 가족과 아내와 아들과 딸을 악한 자에게 제물로 바치는 악독한 살인자이며 비겁한 자이기 때문에 용서함을 받지 못하고 멸망 당하게 됩니다.

3. 하나님의 사랑의 나누기의 비밀.

새 계명을 너희에게 주노니 서로 사랑하라 내가 너희를 사랑한 것같이 너희도 서로 사랑하라 너희가 서로 사랑하면 이로써 모든 사람들이 너희가 내 제자인 줄 알리라.

(요 13:34-35)

하나님과 부모님의 특권은 사랑과 은혜와 나누기 입니다. 하나님의 사랑은 나누기 이지만 하나님과 부모님의 사랑과 은혜는 무엇으로도 나눌 수가 없으며. 무엇으로도 바꿀 수가 없는 것이 하나님과 부모님의 사랑과 은혜 입니다.

하나님과 부모님의 특권은 사랑과 은혜와 용서함 입니다.

그러나. 하나님과 부모님의 사랑과 은혜를 어리석은 출애굽 백성들처럼 사탄의 악한 시험에 빠져서 망령되고 악하게 시험하며 불효하면 용서할 수도 없으며 용서함을 받을 수가 없는 것이. 하나님과 부모님의 사랑과 은혜를 망령되고 악하게 배반하며 불효하며 시험하는 것입니다. (민 11:4-6)

귀한 생명을 선물로 주시며 이름을 지어서 불러주신 하나님과 부모님의 사랑과 은혜를 잊지 않으며. 하나님과 부모님의 선하신 뜻을 모두 알지 못한다 할지라도 하나님과 부모님의 뜻을 대선으로 여기며 예수님처럼 죽기까지 순종할 수가 있는 믿음이 있어야만 사탄의 악한 죄악의 시험에서 이기며 승리할 수가 있습니다. (마 26:39 롬 1:17)

☆ 하나님께서 사람을 처음 창조 하였을 때에.

 사람들은 더하기를 하였으며 옛 뱀은 아담과 하와와 사람들에게 곱하기를 가르치며 빼기를 하였습니다. 사람들이 옛 뱀의 욕심의 곱하기 속임수에 속아서 죽게 된 것을 불쌍히 여기며. 예수님이 다시 오셔서 예수님의 사랑의 나누기의 법칙을 가르쳐 주었습니다. (렘 2:13 요일 4:17-18)
 수학의 더하기는 많아지며 빼기는 작아지며 곱하기는 커지는 것입니다. 그런데 예수님의 사랑의 나누기의 법칙은 어떤 사람들에게 어떻게 사랑의 나누기를 먼저 행 해야만. 사탄의 악한 거짓말과 악한 속임수에 속지 않으며 이기고 승리할 수가 있었습니까. (마 10:5-6 12:25 15:24)
 사탄의 악한 시험과 거짓말에 속지 않으며 승리 하려면 예수님처럼 첫 번째 해야 할 일을 먼저 행해야 합니다.
 사탄의 악한 거짓말에 속아서 세상의 악한 풍습과 악한 습관을 따르며 관광지와 유원지를 찾으면 하나님과 부모님을 공경하며 효도할 수가 있는 시간이 없어짐으로. 사랑과 은혜와 축복을 선물로 받을 수가 없으며. 하나님과 부모님을 먼저 공경하며 효도하며 선과 의를 행하기를 힘쓰면 사탄이 좋아하는 나쁜 일을 할 수가 있는 시간이 없어 짐으로 자연적으로 의로운 일을 행하는 의인이 될 수가 있었습니다.
 예수님의 사랑의 나누기의 비밀은 예수님처럼 삼위일체 사랑의 가정을 완성하여 하나님과 부모님을 먼저 공경하며 효도하며. 자신의 집에서 자신의 유익을 먼저 구하지 않으며. 삼위일체 가족의 유익을 먼저 구하며 믿음의 가정 들에게 선과 의를 행하기를 먼저 힘쓰며 하늘 나라 천국 복음을 전하였기 때문에. 예수님은 사탄의 악한 욕심의 곱하기의 속임수에 속지 않고 이기며 승리할 수가 있었던 것입니다.

(마 10:5-6 15:24 고전 10:24 갈 6:7-10)

O 십계명은 죄악을 행하는 악한 자들과 어리석은 출애굽 백성들에게 악한 죄악을 범하지 않도록 죄악이 무엇 인지 확실하게 분명하게 정확하게 가르쳐 주기 위함 입니다.

(출 21:15-17 마 5:17-18 딤전 1:7-10)

1. 하나님이 너는 나 외에는 다른 신을 네게 있게 말지니라 말씀하신 이유는. (사 63:16 요 6:57)

하나님과 부모님은 우리들에게 귀한 생명을 선물로 주시며 이름을 지어서 불러주신 생명의 주인이며 하늘과 땅을 모두 창조하신 전지 전능하신 하나님이며 또 다시 귀한 생명을 선물로 주실수가 있는 생명의 주인이기 때문에. 우리들에게 귀한 생명을 선물로 주실수가 있는 하나님과 부모님 외에는 또 다른 신이 있을 수가 없기 때문 입니다.

그러므로. 하나님과 부모님 자리는 항상 언제나 비워 두어야 하는 자리이며 그 자리는 어느 누구도 앉을 수가 없는 귀한 생명을 선물로 주시며 이름을 지어서 불러주신 하나님과 부모님의 자리이며. 우리들은 모두 형제와 자매들 이며. 우리들의 지도자는 예수 그리스도 한 분 뿐이기 때문에 우리에게 또 다른 신들이 있을 수가 없습니다. (마 23:8-10)

2. 내 부모님을 공경 하라. (사 55:1-3 엡 6:1-3)

하나님과 부모님은 태초부터 우리에게 귀한 생명을 선물로 주신 부모님이기 때문에 당연하게 영광과 찬송과 경배를 드리며 그 이름을 영화롭게 하며 삼위일체 가족의 사랑의 약속을 사랑의 종이 되어서 예수님처럼 당연하게 죽음으로 먼저 완성해야 합니다. (롬 1:4 빌 2:5-8)

왜냐하면. 귀한 생명을 선물로 주시며 이름을 지어서 불러주신 하나님과 부모님의 자리는 하늘의 천사들도 세상의 그 어떤 사람들도 앉을 수가 없는 고귀하며 성스러운 자리 이며. 우리에게 또 다시 귀한 생명을 선물로 주실 수가 있는 가장 높으며 가장 고귀한 자리이기 때문 입니다. (요 6:57)

또한. 우리들이 하나님과 부모님 집에서 생명의 말씀을 직접 배운다면 무엇이 든지 거짓없이 참된 것을 쉽게 빠르게 정확하게 배울 수가 있기 때문 입니다.

3. 너를 위하여 우상을 만들어 섬기지 말라 하신 이유는.

 우리들을 위하여 가장 좋은 것으로 축복해 주시는 하나님과 친 부모님이 우리에게 계심으로 많은 복을 받기 위하여 세상의 악한 사람들을 우상으로 섬기면. 하나님과 부모님이 주시는 복을 받지 못하게 되며 도리어 악한 자들의 나쁜 복과 악한 복을 받게 됩니다. (사 55:1-3 엡 6:1-3)
 귀한 생명을 선물로 주시며 이름을 지어서 불러주신 하나님과 부모님은 우리들을 위하여 자신의 생명을 버리지만. 돈을 위한 삯꾼은 위험이 닥칠 때에 버리고 도망치는 늑대와 이리와 도적이며. 하나님과 부모님이 미워하는 악한 죄악을 범하는 자이기 때문에. 너 자신을 위하여 우상을 만들어 섬기지 말라 하였던 것입니다. (마 23:8-10 요 10:7-15)

4. 여호와의 이름을 망령되게 일컫지 말라 하신 이유는.

 하나님과 부모님의 영광과 찬송과 보물과 축복을 도둑질하며 살인 간음 도적질 거짓 증거하며 부모님을 거역하며 이웃에게 악을 행하며. 하나님의 거룩한 집을 장사하는 집과 강도의 소굴로 만들며 구원과 진리와 지식과 지혜와 명철과 훈계를 돈으로 사고 파는 자는. 하나님과 부모님의 사랑과 은혜를 배반하는 가짜 선지자와 가짜 선생이요 믿음을 배반한 자요 불신자 보다 더 악한 자요 하나님의 이름을 망령되게 부르는 자 입니다. (요 2:16_17)

5. 살인 하지 말라.　　6. 간음 하지 말라.

7. 도둑질 하지 말라.　　8. 거짓 증거 하지 말라.

O 예수님이 여섯 가지 계명을 지키면 영생을 얻는다고 말씀 하신 이유는 무엇 때문 입니까. (딤전 1:9-10)

경천 애인과 홍익 인간의 계명을 완성함으로 멸망 당하는 동물과 짐승처럼 죄악을 범하지 않으며. 선과 의를 행할 수가 있게 하려고 사랑과 은혜의 계명을. 우리들에게 선물로 주신 것입니다. (마 22:37-40 막 12:30-34)

모세의 십계명은 어린 아이들과 악한 자을 가르치는 초보적인 계명이며 아무것도 온전케 할 수가 없는 연약한 계명이기 때문에 의로운 사람과 하나님의 사람들은 완성할 수가 있는 계명 입니다. (갈 3:23-25 4:1-11 히 7:18-19)

하나님에 대한 네 가지 계명은 예수님이 말씀하신 여섯 가지 계명을 온전하게 완성하기 위하여 사람들이 반드시 완성 해야만 하는 계명에 더하여 주신 계명이기 때문에. 예수님과 제자들은 여섯 가지 계명을 지키면 영생을 얻을 수가 있다고 하였던 것입니다. (마 19:18-19 갈 3:19)

9. 안식일을 기억하며 거룩히 지키라 하신 이유는.

 하나님과 부모님이 귀한 생명을 선물로 주시며 이름을 지어서 불러주신 하늘보다 높으며 바다보다 넓은 사랑과 은혜를 잊지 않으며. 일주일에 한번씩 하나님의 성전에 모여서 영광과 찬송과 경배를 드리며 그 이름을 영화롭게 하면. 하나님과 부모님이 주시는 하늘의 복과 땅의 복을 모두 받을 수가 있으며. 사망에서 생명을 구원하는 의로운 지혜를 배울 수가 있는 복 받는 날로. 안식일을 우리들에게 선물로 주신 것입니다. (사 56:2 58:1-14)

 그러나. 마지막 때가 가까이 다가오면 악한 자들은 하나님과 부모님의 동등 됨을 취하며 거역하며 불효하며 시험하며. 하나님 전에 앉아서 자신을 보여 하나님이라 말하며 자신들의 배와 유익과 영광과 찬송을 위하여 산과 바다와 관광지와 해외와 유원지와 음식점으로 함께 몰려 다니면서 자신들이 죽을 무덤을 찾게 될 것입니다. (살후 2:3-4)

그러나. 우리들은 하나님과 부모님을 공경하며 효도하면서 서로 돌아보아 모이기를 폐하는 어떤 사람들의 악한 습관과 같이 하지 않으며 망령되고 허탄한 사탄의 악한 신화를 버리며. 오직 경건에 이르는 연습을 기쁨으로 계속하며 오직 권하여 그날이 가까움을 볼수록 더욱 사랑과 선행으로 서로 격려하며 삼위 일체 사랑의 가정을 완성하여 삼위 일체 가족의 사랑의 약속을 예수님처럼 죽음으로 먼저 완성하기 위하여 성도들과 함께. 하나님과 부모님 집으로 모이기를 더욱 힘써야 할 것입니다. (히 10:24-25)

10. 내 이웃의 집을 탐내지 말라 하신 이유는.

세상의 악한 부귀 영화와 권세와 돈과 물질을 사랑하면 일만 악의 뿌리가 되어서 내 이웃의 집을 탐하며 이웃에게 죄악을 행하면 거짓말하는 자요 믿음을 배반한 자요 불신자보다 더 악한 자요 하나님의 이름을 망령되게 부르는 악한 자가 되기 때문 입니다. (빌 3:18-19 딤전 6:6-10)

하나님과 부모님을 거역하며 불효하며 세상의 부귀 영화와 권세와 돈과 물질을 사랑하는 자는 죽을 때에 순식간에 모든 것을 빼앗기게 되며 바늘 구멍 보다 더 작은 영혼만 통과 하는 작은 문을 통과 해야 하며 세상의 물건들은 아무것도 가지고 갈수가 없기 때문에 세상 부귀 영화와 권세에 대한 욕심은 아침 안개와 같은 가장 어리석은 욕심 입니다. 하나님과 부모님과 형제와 이웃을 내 몸처럼 사랑하며 열심히 일함으로 어려운 사람들을 도와 주며 먹을 것과 입을 것이 있으면 족한 줄로 여기며 스스로 자족하며 오직 경건에 이르는 연습을 기쁨으로 계속할 수가 있어야 합니다.

☆ 천국의 열쇠는 땅에서 열리는 열쇠 입니다.

예수님이 우리에게 주신 천국의 열쇠는 땅에서 무엇이 든지 먼저 매면 하늘에도 매이며. 땅에서 무엇이 든지 먼저 풀면 하늘에도 모두 풀리는. 리모트 컨트롤과 같은 천국의 열쇠를 베드로와 우리들에게 선물로 주었습니다.

왜냐하면 사람의 마음은 심히 악하기 때문에 눈에 보이지 않는 하나님을 사랑할 수가 없으므로. 먼저 눈에 보이는 부모님을 하나님처럼 먼저 사랑함으로 하늘에 계신 하나님을 사랑하는 믿음의 증거로 삼아서. 예수님이 삼위일체 사랑의 약속을 죽음으로 완성한 것처럼 내 부모님을 먼저 공경 하라는 하나님의 약속 있는 복 받는 첫 계명을 선물로 주었기 때문 입니다. (잠 26:25 렘 17:9-10)

왜냐하면. 믿음은 바라는 것들의 실상이요 보지 못하는 것들의 믿음의 증거를 따라서 눈에 보이는 자신의 부모님을 먼저 사랑함으로. 눈에 보이지 않는 하나님을 사랑할 수가 있으며 부모님을 먼저 사랑함으로 하나님을 사랑하는 믿음의 증거로 삼으며. 율법의 일 점 일 획 이라도 없어지지 않고 완성할 수가 있다는 것을. 믿음의 선진들이 하나님께 증거를 받았기 때문 입니다. (마 5:17-18 히 11:1-2)

그러므로. 눈에 보이는 사람에게 먼저 선과 의를 행함으로 곧 눈에 보이지 않는 하나님께 선과 의를 행하는 것과 같으며 눈에 보이는 지극히 작은 사람 하나 에게 악을 행하는 것이. 곧 눈에 보이지 않는 하나님께 악을 행하는 것과 같다고 예수님이 직접 말씀 하였기 때문에. 하나님을 경배 하는 자들은 부모님을 먼저 공경할 수가 있어야 합니다.

왜냐하면. 귀한 생명을 선물로 주시며 이름을 지어서 불러 주신 부모님을 먼저 공경하는 것이 하나님을 경배하는 것이기 때문이며. 땅에 있는 부모님과 형제를 먼저 사랑하며 이웃에게 죄악을 행하지 않으며 선과 의를 행함으로 천국의 문을 자동으로 열수가 있는 천국의 열쇠를 선물로 받았기 때문 입니다. (마 16:19 18:18)

왜냐하면. 예수님이 세상에 직접 다시 오셔서 십자가에 못박혀 돌아가심으로. 땅에서도 열리는 천국 열쇠의 놀라운 사랑과 은혜의 비밀과 죽음으로 완성하신 놀라운 사랑과 은혜의 비밀을. 사탄 마귀들과 세상의 관원들은 알지 못하였기 때문에 우리들의 부모님으로 세상에 다시 오신 예수님을 아무 죄도 없이 무고하게 정죄하여 십자가에 못박아 죽였던 것이며. 지금도 하나님과 부모님을 아무 죄도 없이 무고하게 정죄하여 십자가에 못박아 죽이고 있었던 것입니다. (요 8:58 고전 2:6-8 히 6:1-6)

4. 불효자 시몬의 탄생.

주는 우리 아버지 시라 아브라함은 우리를 모르고 이스라엘은 우리를 인정치 아니할 지라도 여호와여 주는 우리의 아버지 시라 옛날부터 하나님은 우리들의 아버지 입니다.

하늘에 계신 하나님과 우리의 부모님은 귀한 생명을 선물로 주신 나의 부모님이며 우리들의 생명을 죽음에서 다시 구원하여 주시는 유일한 나의 구원자이며. 또 다시 우리들에게 귀한 생명을 선물로 주실 수가 있는 유일한 우리들의 부모님 입니다. (사 63:16 습 3:17)

하나님과 부모님은 지금도 우리들의 가운데 계시며 다른 사람들 보다 진정으로 기뻐하시며 잠잠히 사랑해 주시며 즐거이 부르시는 귀한 생명을 선물로 주신 나의 하나님과 나의 친 부모님이기 때문 입니다. (요 6:57 8:58)

하나님과 부모님은 우리들 옆에만 있어도 기뻐하며 눈으로 보고만 있어도 즐거워하며 생각만 해도 기뻐하며 웃으시는 전능자 입니다. (사 9:6-7 마 5:48 엡 4:13-15)

하나님은 사람들을 처음부터 자신의 모양과 형상으로 창조하였으며 아들로 창조 하였기 때문에 하나님의 온전하심 까지 우리들도 온전해 질 수가 있었기 때문 입니다.

그러나. 우리들은 사랑과 은혜를 잊어 버리고 하나님과 부모님의 동등 됨을 취하며 멸망 당하는 짐승처럼 악하고 음란한 악한 세대의 악한 풍습과 악한습관을 따르며 망령 되고 허탄한 사탄의 악한 신화를 믿으며 불효 하였기 때문에. 하나님은 슬퍼하며 분노하며 철 장으로 질 그릇 같이 깨뜨리는 마지막 심판의 날을 예비하고 있었습니다.

 그러므로. 어린아이일 때와 청년일 때에 하나님과 부모님의 사랑과 은혜를 알지 못하고 불효 하였을 지라도. 장성한 사람이 되면 하나님과 부모님의 사랑과 은혜를 다시 기억하며 다시 생각함으로 영광과 찬송과 경배를 드리며 그 이름을 영화롭게 하며. 하나님과 부모님의 사랑과 은혜를 다시 기억하며 생각하며 찾을 수가 있어야 합니다.

☆ **왜냐하면. 그가 찔림은 우리의 허물을 인함이요 그가 상함은 우리의 죄악을 인함이라. 그가 징계를 받음으로 우리가 평화를 누리고 그가 채찍에 맞음으로 우리가 나음을 얻었기 때문 입니다. (사 53:4-9)**

 예수님과 부모님은 오늘도 우리들의 유익을 위하여 머리에 가시 면류관을 쓰시고 머리가 아파서 울며 손과 발에 대못이 박혀서 보배 피를 흘리시며 창에 허리 상하여 물과 피를 모두 흘려 주시고 우리들의 죄악을 사하여 주기 위하여 십자가 위에서 먼저 돌아가셨습니다. (요 19:34)

왜냐하면. 예수님과 부모님은 우리들과 같은 힘들고 어려운 죄악의 시험과 무서운 고난을 당하고 있었지만. 사랑 하는 자녀들 앞에서는 울고 싶어도 울 수가 없었으며 힘들어도 힘들다고 말할 수가 없었으며 아파도 아프다고 말할 수가 없었기 때문 입니다. (요 11:33-42)

어리석은 자에게는 하나님과 부모님의 사랑과 은혜와 생명의 말씀은 거짓말처럼 들리며 악한 자의 거짓말은 참 말 처럼 들리기 때문에. 하나님과 부모님은 어린 아이와 같은 우리에게 아무 말씀도 할 수가 없어서. 옛날 이야기와 소설과 신화와 드라마와 동화와 비유로 말씀하시며 홀로 슬퍼하며 통곡하며 울었던 것입니다. (마 13:11-15 13:34-35)

왜냐하면. 하늘 나라 천국과 부활과 심판과 영생에 대하여 수십 번 이야기 해도 알지 못하고 도리어 미쳤다고 말하며 돌을 들어 치려 하였기 때문 입니다. (눅 8:10)

예수님과 부모님은 우리들의 죄악을 사하여 주며 죽음에서 구원하기 위하여 십자가의 고난의 길을 힘들게 울면서 걸어가고 있었으나. 어린 아이와 똑 같은 우리들은 아무 생각도 하지 않으며 먹고 마시며 웃으며 즐기면서 죽음의 잠을 자고 있었던 것입니다. (마 8:20 눅 9:58 12:50 요 1:11)

여우도 굴이 있고 공중의 새도 거처가 있으되. 예수님과 부모님은 쉴 곳도 머리 둘 곳도 없었으며 우리들을 위하여 밤낮으로 일하며 쉬는 날도 없었으나. 도리어 멸시와 핍박과 고난을 당하며 찬 이슬을 맞으며 홀로 쓸쓸히 하나님께 간절이 기도 하였으나. 미련하고 어리석은 우리들은 하나님의 생명의 말씀을 들으면 들을수록 도리어 더 큰 화를 내면서 돌을 들어 치려 하면서 죽이려 하였기 때문에. 예수님과 부모님은 아무 말씀도 할 수가 없었던 것입니다.

어리석고 미련한 우리들은 아무것도 알지 못하고 하나님과 부모님의 동등 됨을 취하며. 출애굽 백성들처럼 스스로 악한 꾀에 빠져서 세상의 악한 풍습과 악한 습관을 따르며 술 취하며 음욕에 취하며 마약에 취하여 웃고 떠들며 즐기며 하나님과 부모님을 거역하며 불효하며 사탄의 종 노릇 하고 있었던 것입니다. (민 11:4-6 전 7:29 빌 2:6)

☆ 하나님과 부모님의 사랑과 은혜를 배반하며 가나안의 아비 함처럼 죄악과 허물을 망령되고 악하게 입으로 말하면 죽게 됩니다. (창 3:12)

자신들의 죄악을 기억하지 못하고 귀한 생명을 선물로 주시며 이름을 지어서 불러주신 하나님과 부모님의 사랑과 은혜의 약속을 배반하며 불효하며 죄악과 허물을 망령되고 악하게 입으로 말하면 죽게 됩니다. (신 29:5-6)

귀한 생명을 선물로 주신 사랑과 은혜를 잊어 버리고 백 데나리온 빚진 자를 고소 하듯이 하나님과 부모님의 죄와 허물을 악하게 입으로 고소하면 죽게 됩니다.

어리석은 출애굽 백성들처럼 물에 빠져 죽게 된 사람을 구원하여 주었더니 감사하지 않으며 도리어 자신의 보따리 찾아 내라고 한다면 두 번 다시는 구원을 선물로 받지 못하고 죽게 됩니다. (창 3:12 민 11:4-6)

일만 달란트보다 더 귀한 생명을 선물로 주시며 이름을 지어서 불러주신 큰 사랑과 은혜를 잊어 버리고 한 달란트 받았다고 불평하며 원망하며 땅에 묻어 두며 사랑과 은혜를 찾지 않으며 백 데나리온 빚진 자를 고소 하듯이. 하나님과 부모님의 죄와 허물을 악하게 말하며 고소하면 죽게 되는 것은 너무나 당연한 것입니다. (마 18:23-35 25:14-30)

그러므로. 하나님과 부모님 앞에서는 항상 기뻐하며 쉬지 않고 기도하며 범사에 감사하며 악은 모든 모양 이라도 버리며 공경하며 효도하기를 힘써야 합니다. (살전 5:16-22)

하나님과 부모님 앞에서 오래 참고 멀리 내다보며 오래 기다리면 내가 알지 못하는 하나님과 부모님의 놀라운 계획과 사랑과 은혜의 비밀을 나타내는 날에는. 징계와 교훈과 채찍을 도리어 기뻐하며 영광과 찬송과 경배를 드리며 감사하게 될 것입니다. (사 55:6-9 고전 4:5 벧전 4:12-13)

왜냐하면. 하늘이 땅보다 높음 같이 하나님과 부모님의 길은 우리들의 길 보다 높으며. 하나님과 부모님의 생각과 지혜는 우리들의 생각과 지혜보다 높기 때문 입니다.

☆ 하나님과 부모님의 사랑과 은혜를 배반하며 죄악과 허물을 입으로 말하면 사탄의 저주를 받게 됩니다.

 가나안의 아비 함은 부모님이 술에 취하여 잠을 자고 있는 것을 먼저 보고 형제 셈과 야벳에게 말함으로. 하나님과 부모님의 무한대의 사랑과 은혜와 축복을 받을 수가 있는 놀라운 기회를 잃어 버리고 의인 노아의 아들 함은 옛 뱀의 악한 저주를 받게 되었습니다. (창 9:18-27)

 왜냐하면. 하나님과 부모님의 죄와 허물을 조용히 덮어 주며 힘을 다하여 공경하며 효도하면 자신들의 많은 옛 죄악을 사함을 받으며. 하나님과 부모님의 무한대의 사랑과 은혜의 축복을 받게 된다는 것을 의인 노아의 아들 함은 알지 못하고 있었던 것입니다. (창 9:26-27 벧전 4:8)

 의인 노아의 아들 셈과 야벳은 부모님을 공경하며 효도 하는 방법을 알고 있었기 때문에. 부모님의 죄와 허물을 조용히 덮어주며 힘을 다하여 공경하며 효도함으로 자신들의 많은 옛 죄악을 사함 받으며 하나님과 부모님의 무한대의 사랑과 은혜의 축복을 받으며 옛 뱀의 악한 죄악의 시험에서 계속하여 이기며 승리할 수가 있었던 것입니다.

 아담과 함처럼 귀한 생명을 선물로 주시며 이름을 지어서 불러주신. 하나님과 부모님의 동등 됨을 취하며 죄와 허물을 망령되게 입으로 말하며 사랑과 은혜를 악하게 시험 하면 하나님과 부모님의 무한대의 사랑과 은혜의 축복을 받지 못하고 도리어 옛 뱀의 저주를 받게 됩니다. (창 3:12)

☆ 부모님의 축복대로 축복하는 하나님 입니다.

하나님이 부모님의 축복대로 축복하여 주시는 이유는. 부모님은 삼위일체 사랑의 가정의 가장이요 하나님의 대리자요 왕 같은 제사장이요 거룩한 나라요 그의 소유된 백성 이기 때문에 어두운 죄 가운데 있는 자녀들을 어두운 죄악 가운데서 불러내며 하나님의 기이한 빛 가운데 들어가게 하신 예수님의 아름다운 덕을 선전하는 막중한 책임이 삼위일체 사랑의 가정의 가장이 되는 부모님에게 있기 때문에. 부모님의 축복이 곧 하나님의 축복인 것입니다. (벧전 2:9)

그러므로. 어리석고 악한 사람들이 하나님과 부모님의 죄와 허물을 망령되고 악하게 말할지라도. 나는 하나님과 부모님의 죄와 허물을 입으로 말하지 않으며 조용히 덮어주며 영광과 찬송과 경배를 드리며. 삼위일체 가족의 사랑의 약속을 완성함으로. 하나님과 부모님의 축복을 받으며 옛 뱀의 죄악의 시험에서 이기며 승리할 수가 있어야 합니다.

첫 사람 아담은 귀한 생명을 선물로 주시며 이름을 지어서 불러주신 하나님의 사랑과 은혜를 잊어 버리고 망령되고 악하게 하나님의 죄와 허물을 입으로 말하며 하나님께서 짝지어서 축복하여 주신 사랑하는 아내 하와의 특별한 사랑의 약속까지 계속하여 배반함으로. 자신의 많은 옛 죄악을 사함을 받지 못하게 되었으며 첫 사람 아담은 하나님의 제사장의 직분과 자신의 아들 가인과 아벨까지 잃어 버리게 되었던 것입니다. (창 3:12 계 21:8)

☆ **별이 빛나는 밤에 불효자 시몬은 하나님과 부모님의 사랑과 은혜 가운데서 세상에 태어났습니다.**

하나님과 부모님이 우리에게 귀한 생명을 선물로 주시며 이름을 지어서 불러주신 하늘보다 높으며 바다보다 넓은 큰 사랑과 은혜가 없었다면. 불효자 시몬은 세상에 태어날 수가 없었을 것이며 세상에 살아있는 놀라운 이유와 기쁨도 알 수가 없었을 것이며 자신의 입으로 말하며 노래하며 춤추며 손을 잡고 걸으며 삼위일체 가족의 사랑과 은혜의 약속을 지키며 살아가는 참 사랑의 놀라운 기쁨과 사랑의 놀라운 비밀도 알 수가 없었을 것입니다. (엡 3:14-19)

그러므로. 무엇보다 존귀하게 창조된 하나님의 사람들은 멸망하는 짐승들 같이 귀한 생명을 선물로 주시며 이름을 지어서 불러주신 하나님과 부모님의 사랑과 은혜를 잊어 버리고 불효하며 거역하면. 멸망 당하는 짐승들 같이 되어서 죽게 될 것입니다. (시 49:12 49:20 사 45:9-10)

어린 아이 때와 청년의 때에 알지 못하고 자신의 마음에 기뻐하는 대로 악한 죄악을 범하면. 죄 값을 피 값으로 생명 값으로 곱하기 하여 사 배로 갚아야 합니다. (눅 19:8-10)

그러므로. 청년의 때 곧 곤고한 날이 이르기 전에 하나님과 부모님이 귀한 생명을 선물로 주시며 이름을 지어서 불러 주신 사랑과 은혜를 다시 기억하며 다시 생각하며 다시 찾아서 하나님과 부모님에게 감사와 영광과 찬송과 경배를 드리며 삼위일체 가족의 사랑의 약속을 예수님처럼 죽음 으로 먼저 완성해야 합니다. (전 11:9 12:1-2 요 14:26)

O 시몬은 옛 뱀의 악한 거짓말에 또 다시 속았습니다.

불효자 시몬은 아담과 하와처럼 독사의 독이 가득 들어 있는 죄악의 열매를 입으로 받아 먹음으로 귀한 생명을 선물로 주시며 이름을 지어서 불러주신 하나님과 부모님의 사랑과 은혜의 약속을 죽음으로 완성하지 못하였으며 배반하며 불효하며 시험함으로 자신이 세상에 살아 있는 이유를 알지 못하고 잊어 버렸습니다. (시 148:3-5 사 43:7)

의인 노아의 아들 함처럼 독사의 독이 가득 들어있는 미움 원망 욕심 욕함 거짓 싸움의 죄악의 열매를 입으로 받아 먹음으로. 자신의 눈이 밝아지지 않았으며 어두워 졌으며 선악을 분별할 수가 있게 된 것이 아니라. 도리어 선악을 분별할 수가 없게 되었으며 하나님처럼 온전하게 된 것이 아니라. 사탄처럼 되었기 때문에. 모든 것이 반대로 되었으며 꺼꾸로 되었던 것입니다. (창 3:3-5)

불평과 원망과 변명과 미움과 욕심으로. 자신들의 잘못을 알지 못하게 되었으며 악한 꾀에 빠져서 삼위일체 가족의 사랑과 은혜의 약속을 배반함으로 자신의 죄악을 눈물로 완전히 회개할 수가 없게 되었습니다. (전 7:29 약 4:4-10)

사탄의 거짓말에 속아서 귀한 생명을 선물로 주시며 이름을 지어서 불러주신. 하나님과 부모님의 사랑과 은혜의 약속을 배반하며 죄와 허물을 입으로 말하며 음행의 죄악을 범하면 하나님과 부모님의 무한대의 사랑과 은혜의 축복을 받지 못하며 죄악의 시험에서 패배하게 되며. 천하 장사 삼손처럼 모든 힘을 잃어 버리며 죽게 됩니다. (잠 30:17)

노아의 아들 셈과 야벳처럼 하나님과 부모님의 사랑과 은혜의 약속을 잊지 않으며 기억함으로. 부모님의 죄와 허물을 조용히 덮어주며 영광과 찬송과 경배를 드리며 공경하며 효도하면. 하나님과 부모님의 무한대의 사랑과 은혜의 축복을 받을 수가 있으며. 사탄의 악한 죄악의 시험에서 계속하여 이기며 승리할 수가 있으며 사망에서 생명을 구원하는 의로운 지혜를 배울 수가 있으며. 예수 그리스도의 장성한 분량이 충만한 데까지 자랄 수가 있으며 성결의 영으로서 죽은 자 가운데서 무덤에서 부활하여 능력으로 하나

님의 아들로 인정되는 자격을 당당하게 하나님께 선물로 받을 수가 있습니다. (롬 1:4 빌 2:5-8)

O 항상 기뻐하라 쉬지 말고 기도 하라 범사에 감사하라. 악은 모든 모양이 라도 버리며 오래 참고 멀리 내다 보며 오래 기다릴 수가 있어야 합니다. (살전 5:16-22)

하나님과 부모님 앞에서는 항상 기뻐하며 쉬지 않고 기도하며 범사에 감사하며 악은 모든 모양 이라도 버리며 오래 참고 멀리 내다 보며 오래 기다리면. 모든 것을 합력하여 선과 의로 완성시켜 주시며 성공도 온전한 성공으로 완성시켜 주시며 비록 실패할 지라도 다시 성공으로 완성시켜 주시는 하나님 아버지이기 때문 입니다. (롬 8:28)

하나님과 부모님의 선하시며 기뻐하시며 온전하신 뜻을 분별하기 위하여. 예수님처럼 간절히 기도함으로 선과 의를 행하기를 힘쓰며 악하고 음란한 악한 세대의 악한 풍습과 악한 습관을 배설물처럼 깨끗하게 버리며 망령되고 허탄한 사탄의 악한 신화를 믿지 않으며 오직 경건에 이르는 연습을 기쁨으로 계속할 수가 있어야 합니다. (딤전 4:7-9)

예수님과 제자와 사도 바울과 같이 비록 고난 가운데 있을 지라도 온전하게 자라서 사망에서 생명을 구원하는 의로운 지혜를 배우며 야곱처럼 하나님과 씨름하여 이기며. 하늘의 복과 땅의 복을 받으며 성결의 영으로서 죽은 자 가운데서 무덤에서 부활하여. 예수님처럼 능력으로 하나님의 아들로 인정되는 자격을 선물로 받을 수가 있어야 합니다.

O 하나님과 부모님의 불 시험과 징계와 교훈과 채찍을 기뻐하며 영광과 찬송과 경배를 드리며 그 이름을 영화 롭게 하며 공경하며 효도함으로 사망에서 생명을 구원하는 의로운 지혜를 배울 수가 있어야 합니다. (히 12:4-13)

하나님과 부모님이 사랑과 은혜로 우리에게 주시는 징계와 교훈과 채찍을 하나님이 주시는 것으로 생각하며. 오래 참고 멀리 내다보며 오래 기다리며 항상 기뻐하며 쉬지 않고 기도하며 범사에 감사하며 악은 모든 모양 이라도 버리면. 예수님처럼 사탄의 사망의 권세와 죽음의 불 시험도 이기며 승리할 수가 있기 때문 입니다.

하나님과 부모님의 징계와 교훈과 채찍이 당시에는 즐거워 보이지 않으며 슬퍼 보이나 예수 그리스도의 고난에 스스로 참예하는 것같이 생각하며 항상 기뻐하며 쉬지 않고 기도하며 범사에 감사하며 오래 참고 멀리 내다보며 오래 기다리며 악은 모든 모양이라도 버리면. 그로 말미암아 연단을 받으며 의와 평강의 열매를 맺으며 사망에서 생명을 구원하는 의로운 지혜를 배울 수가 있으며. 의인 욥처럼 자신

의 것을 곱하기하여 다시 찾을 수가 있으며 하나님의 온전
하심 같이 온전하게 자랄 수가 있습니다. (마 5:48)
 왜냐하면. 하나님과 부모님은 춥고 주리며 헐벗는 육체의
고난과 고통과 핍박과 징계와 교훈과 채찍과 욕함과 저주
와 죽음의 불 시험까지 모든 것을 다시 합력하여. 성공과 승
리와 선과 의로 완성시켜 주시는 사랑과 은혜의 하나님이
기 때문 입니다. (사 55:8-9 롬 8:28 벧전 4:12-13)

O 하나님은 거역하며 불효할 것을 알고 있었습니다.

 하나님과 부모님은 거역하며 불효할 것을 알고 있었으나
하늘의 천사들도 흠모하는 하나님의 영광과 찬송과 보물과
축복과 영생을 선물로 주기 위하여 우리들을 창조 하였으
며. 하나님의 아들로 인정되는 자격을 선물로 받을 수가 있
는 크고 놀라운 기회를 다시 한번 더 선물로 주기 위하여.
하나님과 부모님의 아들로 삼아 주시며 우리들의 부모님이
되었습니다. (마 8:20 요 2:24-25 6:26)
 하나님과 부모님은 우리들의 유익을 먼저 위하여 아름다
운 모양도 버리고 흠모할 풍채도 버리고 권세도 버리고 사
랑의 종이 되어서 쉬는 날도 없이 안식일도 없이 밤낮으로
열심히 우리들을 위하여 일하였으나. 하나님과 부모님은 머
리 둘 곳도 없었으며 쉴 곳도 찾지 못하여 빈들에서 홀로

추위와 외로움에 떨고 있었습니다. (사 53:1-9)

왜냐하면. 불효자 시몬과 같은 우리들은 일만 달란트 보다 귀한 생명을 선물로 주신 사랑과 은혜를 잊어버리고. 사탄의 악한 시험에 빠져서 백 데나리 온 빚진 자를 고소 하듯이 하나님과 부모님의 죄와 허물을 악하고 망령되게 고소하고 있었기 때문 입니다. (마 18:23-35)

일만 달란트 보다 귀한 생명을 선물로 주신 사랑과 은혜를 잊어 버리고 한 달란트 받았다고 거역하며 땅에 묻어두고 사랑과 은혜를 찾지 않음으로 하나님과 부모님의 무한대의 사랑과 은혜의 축복을 받지 못하고 악한 사탄의 종이 되어서 죽음의 길을 걸어가고 있기 때문에 하나님과 부모님은 오늘도 하늘과 땅을 향하여 슬퍼하며 통곡하며 울고 있었으며. 자신의 죄악을 회개하며 돌아온 탕자처럼 자신의 죄악을 눈물로 완전히 회개하며. 하나님과 부모님의 집으로 어서 빨리 돌아 오기를 간절한 마음으로 오늘도 기다리고 있었던 것입니다. (사 1:2-9 마 25:14-30 눅 15:12-21)

O 삼위일체 가족의 사랑과 은혜의 약속을 배반하면 사함 받지 못하고 죽게 될 것입니다. (창 3:12 민 11:4)

이는 내 살 중의 살이요. 내 뼈 중의 뼈라고 하는 아담의 일체의 사랑의 약속은. 하나님께 생명의 은혜를 유업으로 아내와 함께 받을 수가 있는 유일한 삼위일체 가족의 사랑의 약속이기 때문입니다. (창 2:20-25 벧전 3:7)

삼위일체 가족의 사랑의 약속은. 하나님과 부모님과 사랑하는 아내의 무한대의 사랑과 축복과 도움을 받을 수가 있는 기도의 통로가 되며 생명의 은혜를 유업으로 함께 받을 수가 있으며 원수도 친구로 변하게 할 수가 있으며. 사탄의 사망의 권세를 이기며 승리할 수가 있기 때문에. 하나님은 처음부터 아담과 하와를 짝지어서 축복하여 주시며 삼위일체 사랑의 가정을 만들어 주신 것입니다.

불효자 시몬은 어리석은 자들처럼 함께 살고 있는 악한 자들의 악한 거짓말에 속아서 세상의 부귀 영화와 권세와 세상의 악한 습관과 악한 풍습을 즐거워하며. 금과 은을 우상으로 섬기며 하나님과 부모님을 거역하며 불효하며 일체가 되는 아내의 사랑의 약속과 삼위일체 가족의 사랑의 약속을 죽음으로 완성하지 못하고 배반 하였습니다

하나님이 짝지어서 축복하여 주신 삼위일체 가족의 사랑의 약속을 배반하면. 하나님과 부모님의 사랑과 은혜의 약속을 배반하는 것과 같기 때문에. 하나님과 부모님과 아내의 무한대의 사랑과 은혜와 축복과 도움을 받지 못함으로 죽게 될 것입니다. (창 2:17-18 시 121:1-8)

왜냐하면. 하나님께서 짝지어 축복하여 주시며 기뻐하신 삼위 일체 가족의 사랑과 은혜의 약속을 배반하면 하늘의

천사들도 용서함을 받지 못하는 것이 하나님의 공평하신 공의에 법이기 때문 입니다. (아 8:5-7 마 7:12)

O 남편된 자들아 이와 같이 지식과 지혜를 따라 너희 아내와 동거하고 저는 더 연약한 그릇이요 또 생명의 은혜를 유업으로 함께 받을 자로 알아 귀히 여기라 이는 너희 기도가 막히지 아니하게 함이라. (벧전 3:7)

 한 가정의 가장이 되는 남편들이. 가장의 책임을 다하지 못하고 하나님의 선하시며 기뻐하시며 온전하신 뜻을 확실 하게 분명하게 분별하지 못하고. 삼위일체 가족의 사랑의 약속을 배반하며. 세상의 악한 풍습과 악한 습관을 배설물 처럼 깨끗하게 버리지 못하면. 사랑하는 자녀들을 잃어 버리며 하나님의 제사장이 될 수가 없기 때문 입니다.
 자신의 사랑하는 아내는 흙으로 만든 자신보다 더 연약한 살과 뼈로 만든 더 연약한 그릇이기 때문에 먼저 지켜주며 먼저 도와주며 먼저 사랑함으로. 하나님께 생명의 은혜를 유업으로 아내와 함께 받을 수가 있어야 합니다.
 왜냐하면. 아내를 먼저 지켜주며 먼저 도와주며 먼저 사랑하지 않으면 아내는 사탄의 악한 죄악의 시험에 빠지게 되며 아내가 울게 되면. 하나님께 기도하는 기도의 통로가 막히게 되며 일체가 되는 사랑의 약속을 잃어버리게 됨으로 하나님과 아내의 무한대의 사랑과 은혜와 도움을 받지 못하게 되기 때문 입니다. (창 2:17-18 시 121:1-8)

남편된 자들은 하나님의 지식과 지혜와 총명함을 따라서 삼위일체 사랑의 가정의 종이 되어서 먼저 지켜주며 도와주며 사랑함으로. 자신을 사탄의 악한 죄악의 위험에서 먼저 지키며 도움을 받으며 사랑함을 받게 되는 것이 하나님의 율법이요 선지자이기 때문 입니다. (마 7:12)

왜냐하면 자신의 아내는 바로 자기 자신이며. 자신 보다 더 연약한 살과 뼈로 만든 바로 자기 자신이 분명하며 틀림없기 때문 입니다. (창 2:21-23 엡 5:28)

☆ **선악을 알게 하는 나무의 실과를 먹으면 죽으리라 하며 바로 아담과 하와를 짝지어 축복하며 기뻐하신 이유는 무엇 때문 입니까. (창 2:17-18)**

두 사람이 한 사람 보다 나음은 저희가 수고함으로 좋은 상을 얻으며 한 사람이면 패하지만 두 사람이면 능히 이기며 세 사람이면 패하지 않으며. 사탄의 악한 죄악의 시험에서 승리할 수가 있기 때문 입니다. (전 4:9-12)

하나님으로부터 오는 아내의 특별한 사랑의 도움과 삼위일체 가족의 사랑의 약속과 힘과 능력은. 사탄의 죄악의 시험을 능히 이기고 승리할 수가 있으며. 사탄의 죽음의 불 시험과 사망의 권세를 능히 이기며 승리할 수가 있기 때문에. 처음부터 삼위일체 사랑의 가정을 만들어 짝지어 축복하여 주시며 좋았다고 말씀 하였던 것입니다.

삼위일체 사랑의 가정을 완성하여 삼위일체 사랑의 약속을 예수님처럼 죽음으로 완성하면. 사탄의 사망의 권세를 이기며 승리할 수가 있으며 하나님과 부모님의 선하신 뜻을 알지 못한다 할지라도 하나님과 부모님의 선하신 뜻을 믿으며. 예수님처럼 삼위일체 가족의 사랑의 약속을 죽음으로 완성할 수가 있기 때문에 하나님과 부모님이 짝지어 축복하여 주신 것입니다. (아 8:5-7 롬 1:4 빌 2:5-8)

☆ 음행을 피하라 사람이 범하는 죄 마다 몸 밖에 있거니와 음행 하는 자는 자신의 몸에 자신이 직접 죄를 범하는 것이기 때문에 먼저 죽게 됩니다. (잠 6:25-29 고전 6:16-20)

하나님과 부모님의 삼위일체 가족의 사랑의 약속을 배반하며 음행의 죄악을 범하면. 자신의 가족들과 많은 사람들에게 계속하여 죄악을 범하게 되는 무서운 죄악이기 때문에 제일 먼저 멸망 당하게 됩니다. (레 20:9-16)

우리들의 몸은 하나님의 거룩한 성령이 함께 거하시는 거룩한 성전이기 때문에 우리들도 거룩해야 합니다.

영원히 살수 있는 하늘의 신들도 사랑의 약속을 배반하면 용서함을 받지 못하고 죽게 되며. 천하 장사 삼손처럼 두 눈을 빼앗기며 죽게 될 것입니다. (고전 3:16-17)

 그러므로. 하나님의 거룩한 성전 된 자신들의 몸을 음행의 죄악으로 더럽히면 하나님의 거룩한 성 예루살렘처럼 제일 먼저 멸망 당하게 될 것입니다. (고전 6:16-20)

 음녀의 유혹과 음행의 죄악은 강하지만 야곱의 아들 요셉처럼 먼저 결심하고 먼저 준비하며 먼저 확정하며. 예수님의 이름을 부르면 음행의 죄악을 범하지 않으며 음녀의 유혹을 이기며 승리할 수가 있으며 사망에서 생명을 구원 하는 의로운 지혜를 배우며 사탄의 악한 꾀에 속지 않으며 비둘기의 순결함을 지킬 수가 있습니다. (마 10:16)

 누구든지 음행의 죄악을 범하면. 사람들은 한 조각의 떡만 남게 되며 남의 아내와 통간하는 자도 이와 같으며 무릇 그를 만지기만 하여도 죄 없다 하지 않으며 죽음을 당하게 될 것입니다. (잠 6:25-29 7:19-27 히 13:4)

☆ 슬기롭고 지혜 있는 다섯 처녀는 누구 입니까.

슬기로운 다섯 처녀는 악하고 음란한 악한 세대의 악한 풍습을 따르지 않으며. 망령되고 허탄한 사탄의 악한 신화를 믿지 않으며 벌거벗고 다니지 않으며. 오직 경건에 이르는 연습을 기쁨으로 계속하며 하나님의 거룩함과 정절의

약속과 비둘기의 순결함을 지키며 신랑 되는 예수님을 기다리는 슬기로운 처녀들 입니다. (골 3:5-6)

 예수 그리스도의 신부 된 사람들이 악한 꾀에 빠져서 술과 고기와 정욕에 좋은 음식을 탐하며. 자신들의 유익과 배와 영광과 찬송과 오락을 위하여 해외 여행과 관광지와 유원지를 찾으면. 예수 그리스도의 신부가 되는 거룩함과 정절의 약속과 비둘기의 순결함을 잃어 버리며 죄악에 빠지며 밝은 등불은 꺼지게 되며 예수 그리스도의 영화로운 혼인 잔치에 기쁨으로 참석할 수가 없는 것은 당연한 것입니다.

 어리석은 다섯 처녀처럼 세상의 악한 풍습과 악한 습관을 따르며 하나님의 거룩함과 정절의 약속과 비둘기의 순결 함을 잃어 버리며 자신의 밝은 등불이 꺼지게 되면. 하나님의 영화로운 하늘의 혼인 잔치에 흰옷을 입지 못하며. 예수님의 거룩한 혼인 잔치에 기쁨으로 참석할 수가 없는 것은 너무 나도 당연한 결과 입니다. (마 25:1-13)

 O 하나님의 구원은 조건적인 사랑과 구원을 약속하고 있는 것이 아닙니다. (행 2:21 롬 10:13)

 귀한 생명을 선물로 주시며 이름을 지어서 불러주신 하나님과 부모님을 공경하며 영광과 찬송과 경배를 드리며 그 이름을 영화롭게 하는 것은 귀한 생명을 선물로 받은 자들이 반드시 준행해야 할 사람들의 당연한 책임과 의무와 사명이기 때문 입니다. (시 148:1-5 150:6)

 사람들이 당연히 해야 할 책임과 의무와 사명을 끝까지 다하지 않으면서. 자신의 유익과 영광과 찬송과 권리를 원한다면 뻔뻔하며 염치가 없는 것이며 무엇보다 존귀하게 창조된 사람이 동물과 짐승보다 악하기 때문 입니다.

 하나님과 부모님을 거역하며 불효하며 이웃에게 악을 행하며. 악한 자와 짐승과 동물과 개와 소와 돼지를 먼저 사랑한다면 믿음을 배반한 자요 불신자 보다 더 악한 자요 하나님의 이름을 망령되게 부르는 자 입니다.

 자신의 옛 죄악의 무서움을 알지 못하고 사탄의 악한 거짓말에 속아서 하늘의 천사들도 흠모하는 하늘나라 천국의 영광과 찬송과 구원과 영생을 조건적 이라고 말하는 자들은. 자신의 옛 죄악의 무서움을 알지 못하는 짐승과 같은 어리석은 자 입니다. (시 49:12 49:20)

☆ 하나님과 부모님의 이름으로 만들어진 아름다운 선물을 받아서 포장지를 벗겨보니 그 속에는 잡탕이 되었으며 악한 뱀들이 득실거리고 있었으며 천사의 가면을 쓰고 있는 악한 자들이 가짜 사랑과 가짜 믿음을 진짜라고 거짓말로 속이고 있었던 것입니다. (마 15:3-9 21:12-13)

예수님은 나더러 주여 주여 하는 자 마다 천국에 들어갈 것이 아니요 다만 내 아버지의 뜻대로 선과 의를 행하는 의인이 되어야 천국에 들어갈 것이라고 말씀 하였습니다.

악한 자들은 하나님께 예배 한다고 하면서도 하나님과 부모님의 진리의 말씀대로 신령과 진리로 예배하지 않으며. 악하고 음란한 악한 세대의 악한 풍습을 따르며 망령되고 허탄한 사탄의 악한 신화를 믿으며 자신의 배와 유익과 영광과 찬송을 위하여. 하나님의 거룩한 집을 장사하는 집과 강도의 소굴로 만들며 경건의 모양은 있으나 경건의 능력을 부인하며 어리석은 여자를 속이며 경건에 이르는 연습을 기쁨으로 계속하지 않으며 항상 배우나 마침내 진리의 지식에 이르지 못함으로. 하나님의 온전하신 의를 알지 못하고 자신의 의를 세우려고 하나님께 예배하는 진리의 말씀이 크게 변질 되어서. 하나님과 부모님의 원수로 행하고 있었던 것입니다. (마 15:3-9 딤후 3:1-7 빌 3:18-19)

5. 악한 사탄 마귀들의 십자가의 유혹.

사탄은 예수님과 부모님의 믿음과 소망과 사랑의 크기를 시험하며 불효자 시몬을 버리고 십자가 위에서 내려 오라 시험 하였습니다. (마 10:34-39 18:23-35 27:39-40)

 귀한 생명을 선물로 주시며 이름을 지어서 불러주신 하나님과 부모님의 사랑과 은혜를 배반하고 불효하는 불효자 시몬을 버리고 십자가에서 내려 오라고. 하나님과 부모님의 믿음과 소망과 사랑의 크기를 오늘도 악한 사탄은 시험하고 있었던 것입니다. (벧전 5:8-9)
 일만 달란트 보다 귀한 생명을 선물로 선물로 주신 하나님과 부모님의 사랑과 은혜를 잊어 버리고 백 데나리온 빚진 자를 고소 하듯이. 하나님과 부모님의 죄와 허물을 고소 하는 불효자 시몬을 버리고 십자가에서 내려 오라고 오늘도 사탄은 틈을 타서 시험하고 있었습니다. (마 18:23-35)
 일만 달란트 보다 귀한 생명을 선물로 선물로 주신 하나님과 부모님의 사랑과 은혜를 잊어 버리고. 한 달란트 받았다고 거역하며 불평하며 땅에 묻어 두고 사랑과 은혜를 찾지 않는 불효자 시몬을 버리고 십자가에서 내려 오라고 사탄은 틈을 타서 시험하고 있었습니다. (마 25:14-30)
 왜냐하면. 사탄의 궁극적인 마지막 목적은. 아담과 하와 처

럼 서로 불화하며. 가인과 아벨처럼 형제들이 서로 싸우게
함으로 삼위일체 사랑의 가정을 원수의 관계로 만드는 것
이 마지막 목적이기 때문 입니다. (창 4:3-9 마 12:25-26)

 하나님과 부모님은 무엇보다 존귀하게 창조된 하나님의 사
람이 멸망 당하는 짐승들과 같이 귀한 생명을 선물로 주신
하나님과 부모님의 사랑과 은혜를 잊어 버리고. 하나님과
부모님의 죄와 허물을 입으로 말하며 거역하며 불효함으로
하늘과 땅을 향하여 통곡하며 울고 있었습니다.

 그러므로. 자신의 옛 죄악을 회개하고 돌아온 탕자와 같이
하나님과 부모님 앞에서 자신의 옛 죄악을 눈물로 완전히
회개하며 아들이라 칭함을 감당치 못 하겠으니 종이라 하
옵소서 하면서 정말 사랑의 종이 되어서 영광과 찬송과 경
배를 드리며 그 이름을 영화롭게 하며 삼위일체 가족의 사
랑의 약속을 예수님처럼 죽음으로 완성해야 합니다.

**☆ 아들은 아비의 죄악을 담당치 않으며 아비도 아들의 죄
악을 담당치 않습니다 의인의 의는 의인에게 돌아가며 악
인의 악도 악인에게 돌아갈 것입니다. (겔 18:19-20)**

 하나님은 공평하신 공의에 하나님이기 때문에 악인의 악을
의인에게 담당케 하지 않으며 의인의 상은 의인이 분명 하
게 받게 되며 악인의 악도 악인이 담당해야 합니다.

악인은 자신의 죄 값을 피 값으로 생명 값으로 사 배로 곱하기 하여 악인들이 모두 갚아야 합니다. (눅 19:8-10)

예수님이 우리의 죄 값을 대신 갚아주기 위하여 십자가 위에서 우리들을 대신하여 먼저 돌아 가셨으나. 예수님이 받으실 상은 예수님이 받으셨으며. 죄악을 범하고 회개하지 않는 어리석은 자의 죄 값과 피 값은 생명 값으로 자신이 갚아야 하므로 하나님의 거룩한 성 예루살렘은 용서함을 받지 못하고 멸망 당하게 되었던 것입니다. (눅 19:41-44)

하나님의 아들 된 자는 하나님과 부모님의 죄와 허물을 보지 않으며 조용히 덮어주며 영광과 찬송과 경배를 드리며 그 이름을 영화롭게 하면. 셈과 야벳처럼 자신들의 많은 옛 죄악을 사함 받게 되며 하나님과 부모님의 무한대의 사랑과 은혜의 축복을 받을 수가 있었습니다. (창 9:20-27)

하나님과 부모님의 죄와 허물을 셈과 야벳처럼 조용히 덮어 주며 공경하며 효도하며 영광과 찬송과 경배를 드리며 그 이름을 영화롭게 하면. 부모님의 많은 죄와 자신의 많은 죄를 사함 받게 되며. 사탄의 악한 죄악의 시험에서 이기며 승리하며 성결의 영으로 죽은 자 가운데서 무덤에서 부활하여 능력으로 하나님의 아들로 인정 받게 됩니다.

그러므로. 부모님은 악한 아들의 죄악을 담당치 않음으로 아들의 죄악과 허물을 보지 않으며 간과하며 아들을 불쌍히 여기며 사랑하는 아들을 위하여 예수님처럼 하나님 앞에서 아들을 위하여 간절히 기도함으로. 자신들의 많은 옛 죄악을 하나님 앞에서 사함 받으며 고난과 핍박 가운데서 온전하게 자라며. 예수 그리스도의 장성한 분량이 충만한 데까지 빨리 자라서 하늘에 계신 우리 아버지의 온전하심 같이 온전해 질 수가 있어야 합니다. (마 5:48)

☆ 하나님과 부모님의 고통과 괴로움을 알고 있는 불효자는 하나도 없었기 때문에 하늘과 땅을 향하여 슬퍼하며 통곡하며 울고 있었습니다. (사 1:2-9 롬 3:10-18)

어리석고 미련한 자들은 모두 한 가지로 치우쳐 악하고 음란한 악한 세대의 악한 풍습을 따르며 망령되고 허탄한 옛 뱀의 악한 신화를 믿으며 스스로 지혜 있다 총명하다 하며 스스로 교만하며 우준하게 되어서 미련한 마음이 어두워 지며 남에게 빚을 지며 살인 간음 도적질 거짓증거 하며 하나님과 부모님을 거역하며 이웃에게 악을 행하는 것을 두려워 하지 않음으로 하늘과 땅을 향하여 슬퍼하며 통곡 하며 슬피 울고 있었던 것입니다. (창 6:6 사 1:2-9)

하나님에 대한 경건의 모양은 있으나 경건의 능력을 부인하는 악한 자요 거짓말하는 자요 믿음을 배반한 자요 불신자 보다 더 악한 자요 옛 뱀의 종 노릇 하는 악한 자이기 때문에 하나님과 부모님은 하늘과 땅을 향하여 오늘도 슬퍼

하며 통곡하고 울고 있었습니다. (골 3:5-6 딤후 3:1-7)

 그러므로. 우리들은 스스로 깨끗이 씻으며 스스로 깨끗 하게 하여. 피와 같이 붉은 죄와 먹과 같이 검은 죄를 하나님과 부모님 앞에서 눈물로 완전히 회개하며. 지금부터는 아들이라 칭함을 감당치 못 하겠으니 종이라 하옵소서 하며 정말 하나님과 부모님의 참 사랑의 종이 되어서 영광과 찬송과 경배를 드리며 그 이름을 영화롭게 해야 합니다.

O 삼위일체 사랑의 가정을 완성하면 사탄의 사망의 권세와 악한 죄악의 시험에서 승리할 수가 있습니다.

 삼위일체 사랑의 가정을 완성하면 양식 아닌 것을 위하여 은을 달아주지 않으며 배부르지 못할 것을 위하여 쓸데 없이 수고하지 않으며 좋은 것으로 먹으며 하나님과 부모님에게 생명을 구원하는 의로운 지식과 지혜와 총명함을 배우며 악한 죄악의 시험에서 승리할 수가 있었습니다.

 세상의 악한 부귀 영화와 권세는 옛 뱀의 악한 가짜 약속이며 실상이 아니라 허상 입니다. 하나님과 부모님의 삼위일체 가족의 참 사랑과 은혜의 약속은. 하나님께서 다윗과 우리들에게 허락하신 영원한 하나님 아버지의 확실한 진짜 약속이기 때문 입니다. (사 55:1-3 엡 6:1-3)

 왜냐하면. 부모님도 예수님처럼 사탄의 악한 죄악의 시험에서 이기며 승리한 경험이 분명히 있었으며 옛 뱀의 악한 죄악의 시험에 빠져서 고난과 고통과 괴로움을 당한 경험도 있었기 때문에. 예수님처럼 부모님도 옛 뱀의 악한 죄악의 시험에서 승리할 수가 있었습니다. (욥 28:28 38:36)

우리들의 부모님도 하나님과 부모님 앞에서 징계와 교훈과 채찍을 기뻐하며 오래 참고 멀리 내다보며 오래 기다리며 항상 기뻐하며 쉬지 않고 기도하며 범사에 감사하며 악은 모든 모양 이라도 버리며. 오직 경건에 이르는 연습을 기쁨으로 계속함으로. 예수님처럼 부모님들도 사탄의 악한 죄악의 시험에서 승리할 수가 있었던 것입니다.

그러므로. 하나님과 부모님의 사랑과 은혜를 기억하며 공경하며 효도하면. 하나님과 부모님의 무한대의 사랑과 은혜의 축복을 받으며 땅에서 잘되며 장수한 다는 것이 하나님이 다윗과 우리들에게 허락하신 하나님의 영원한 진짜 사랑과 은혜의 약속들 입니다. (마 7:12)

☆ 삼위일체 가족의 사랑의 약속을 배반하면 죽게 됩니다.

하나님의 아들을 밟고 자기를 거룩하게 하신 하나님과 부모님의 사랑과 언약의 피를 부정한 것으로 욕하며 귀한 생명을 선물로 주며 이름을 지어서 불러주신 사랑과 은혜의 약속을 배반하며 하나님의 거룩하신 성령을 욕되게 하며 하나님의 선한 자신의 양심을 속이며. 하나님과 부모님을 거역하며 불효하는 자의 당연히 받을 형벌이 얼마나 무서울 것이라는 것을 분명하게 생각해 보아야 할 것입니다.

왜냐하면. 예수님이 우리들의 죄악을 대신 담당 하시며 십자가의 고난의 길을 걸어가시며 먼저 돌아 가심은. 가짜 선지자와 가짜 선생들의 악한 가르침과 악한 거짓말에 다시는 속지 않으며 모든 불법에서 우리들을 구속 하시고 우리들을 깨끗하게 하사 선한 일에 열심하는 하나님의 백성들과 친 자녀들이 되게 하려 하심이기 때문 입니다.

하나님을 믿는 사람들이 하나님을 믿지 않는 사람들처럼 악한 꾀와 악한 죄악에 빠진다면 하나님의 무서운 지옥의 판결과 심판을 당하게 될 것이며 무서운 가중 처벌을 당하게 될 것이 분명하기 때문 입니다. (사 45:9-10 히 10:29)

☆ **예수님과 부모님은 슬퍼하며 통곡하며 울고 있었습니다.**

비록 노아 다니엘 의인 욥 세 사람이 거기에 함께 있을지라도 귀한 생명을 선물로 주시며 이름을 지어서 불러주신 하나님과 부모님 외에는 우리들의 생명을 구원할 수가 없기 때문 입니다. (겔 14:14 벧전 4:18)

의인들은 자신의 의로서 자신들의 생명만 겨우 건질 수가 있으며 죄인들의 생명을 건질 수가 없기 때문에 우리들의 생명도 건질 수가 없었습니다.

질그릇 한 조각과 같은 자들이 귀한 생명을 선물로 주시며 이름을 지어서 불러주신 하나님과 부모님의 사랑과 은혜를 배반하며 아비에게 묻기를 네가 무엇 하려고 세상에 태어났느냐. 어미에게 묻기를 네가 무엇 하려고 나를 잉태하여 나를 낳았느냐 하는 자는 귀한 생명을 선물로 주시며 이름을 지어서 불러 주신 하나님과 부모님도 그에게는 없었기 때문에 진노의 심판이 있을 것입니다.(사 45:9-10)

그러므로. 자신의 죄악으로 인하여 죽게 된 자와 거역하며 불효하는 어리석은 자들의 생명을 구원할 수가 있는 마지막 회개의 기회를 다시 한번 더 선물로 주기 위하여. 예수님이 우리들의 부모님이 되어서 세상에 다시 왔으며 나의 죄악을 다시 사하여 주며 죄와 의와 심판과 부활과 천국에 대한 확실한 증거를 다시 보여주기 위하여 십자가의 죽음의 길을 스스로 선택 하였던 것입니다. (요 16:7-16)

그러므로. 하나님과 부모님의 아들 이라면 하나님과 부모님을 공경하며 효도하며 아들의 직분을 충실하게 기쁘게 잘 감당 해야만 아들이라 칭함을 받을 수가 있습니다.

하나님과 부모님을 거역하며 불효하며 어리석은 출애굽 백성들처럼 망령되고 악하게 사랑과 은혜의 약속을 배반하며 시험하면 하나님의 아들이 될 수가 없으며 악한 뱀의 종이 되어서 죽게 됩니다. (롬 6:15-18)

왜냐하면. 하나님의 택한 백성이요. 하나님의 아들 이라도 함께 살고 있는 악한 자들의 악한 꾀를 악하게 배우며 하나님과 부모님의 사랑과 은혜를 망령되고 악하게 배반하며 시험한다면. 하나님의 나라 천국과 영생과 부활에 대하여 잘 알고 있다고 하여도 다시 새롭게 하여 회개케 할 수가 없으며. 하나님의 마지막 진노의 심판을 피할 수가 없기 때문에. 자신들의 죄악을 눈물로 완전히 회개하며 슬퍼하며 통곡하며 울어야 합니다. (전 7:29 히 6:4-6)

☆ **자신의 배와 유익과 영광과 찬송을 위하며. 사람 앞에서 스스로 옳다 하며 사람들의 높임을 받으면. 하나님의 미움을 받게 될 것입니다. (눅 16:15 빌 3:18-19)**

불효자 시몬처럼 사탄의 악한 꾀에 빠져서 하나님과 부모님의 동등 됨을 취하며 자신의 배와 유익과 영광과 찬송을 위해 일하며 하나님과 부모님의 것을 내 것이라 말하며 내 것처럼 사용하며 자신의 것이라고 고집 한다면. 하나님과 부모님의 미움을 받게 됩니다. (롬 14:7-8 갈 2:20)
세상의 악한 풍습과 악한 습관을 즐거워하며 트렌드라 생각하며 유명한 관광지와 유원지와 음식점을 찾으며 술 취하며 마약에 취하며 음욕에 취하면. 하나님의 사람 삼손이라도 반드시 죽게 될 것입니다. (창 3:3-6 잠 23:20-25)

☆ 누가 지혜가 있어서 이런 일을 깨달으며 누가 총명이 있어서 이런 일을 알겠느냐 여호와의 도는 정직하니 의인이라야 그 도에 행하리라. 그러나 죄악을 행하는 죄인들은 악한 꾀에 빠져서 스스로 지혜 있다 함으로 어리석은 지혜에 거쳐서 넘어지게 됩니다. (호 14:9 마 13:15)

여호와의 도는 정직하니 하나님 아버지를 진심으로 찾는 사람이 찾을 수가 있으며 은을 구하는 것같이 감추인 보물을 찾는 것같이 진심으로 열심히 찾아야 찾을 수가 있으며 하나님과 부모님을 공경하며 효도하는 지혜롭고 총명한 사람과 마음이 청결하며 깨끗한 사람들이 하나님과 부모님의 얼굴을 볼 수가 있으며 자신의 수치를 들어내며 벌거벗고 다니며 음탕한 음행의 죄악을 범하는 악한 자들은 하나님과 부모님의 얼굴을 보지 못함으로 자신들의 죄악으로 인하여 자신이 죽게 됩니다. (시 11:7 계 16:15)
왜냐하면. 마지막 멸망의 죄악은 하나님과 부모님의 동등됨을 취하며 미움 원망 욕심 욕함 거짓 싸움의 독사의 독이 가득 들어 있는 죄악의 열매를 입으로 받아 먹으며 사랑과 은혜를 배반하며 거역하는 것에서부터 시작하여 자신의 벌거 벗은 수치를 드러내며 자신의 죄악을 눈물로써 완전히 회개하지 않는 어리석은 지혜와 쓸데 없는 고집과 악한 꾀와 음탕한 음행의 죄악 때문에 마지막 죄 사함의 기회를 잃어 버리고 소돔과 고모라 성과 니느웨 성과 예루살렘 성처럼 먼저 멸망 당하기 때문에 자신의 악한 죄악을 눈물로 완전히 회개하며 통곡하며 슬퍼하며 울어야 합니다.

왜냐하면. 자신들의 죄악을 하나님 앞에서 눈물로 완전히 회개하면 용서함을 받을 수가 있으나 소돔과 고모라 성과 니느웨 성과 예루살렘 성처럼. 자신들의 어리석은 죄악과 음탕한 음행의 죄악을 스스로 알지 못하고 눈물로 완전히 회개하지 않으면 용서함을 받지 못하기 때문에 자신들의 죄악을 눈물로 빨리 회개하며 울어야 합니다.

☆ 하나님과 부모님은 대신하여 죽을 수가 있었습니다.

예수님과 부모님은 십자가에서 내려 올 수가 있는 자유 함이 있었으나 불효자 시몬을 위하여 오늘도 십자가의 고난의 길을 슬퍼하며 통곡하며 울면서 걸어가고 있었습니다.

예수님과 부모님은 사탄의 악한 죄악의 시험에서 승리함으로 편히 쉴 수가 있는 자유 함이 있었으나 불효자 시몬을 죄악에서 구원하기 위하여 십자가의 죽음의 길을 울면서 통곡하며 걸어 갈수 밖에 없었던 것입니다.

예수님과 부모님은 죄에 대하여 의에 대하여 심판에 대하여 부활에 대하여 다시 가르치며 다시 생각나게 하며 다시 깨닫게 하여 불효자 시몬을 죄악에서 다시 구원하기 위하여

통곡하며 울면서 십자가의 죽음의 길을 걸어 갈수 밖에 없었던 것입니다. (요 14:26 16:7-16)

왜냐하면. 귀한 생명을 선물로 주시며 이름을 지어서 불러 주신 하나님과 부모님은 우리들의 죄악을 용서해 줄 수가 있는 친고죄의 특권과 의롭다 하시며 구원해 주시는 칭의에 권세와 새 생명을 다시 선물로 줄 수가 있는 능력과 특권과 권세가 있었기 때문 입니다. (요 6:57)

O 하나님과 부모님은 오늘도 하늘과 땅을 향하여 슬퍼하며 통곡하며 울고 있었습니다. (사 1:2-9)

하나님과 부모님은 불효하며 거역하는 아들을 향하여 소도 그 임자를 알고 나귀도 그 주인의 구유를 알건마는 나의 사랑하는 아들은 알지 못하고 깨닫지 못하는 도다 슬프다 악한 사탄의 종 된 아들이여 행악의 종자요 행위가 부패한 자식이로다 그들은 하나님과 부모님의 사랑과 은혜를 배반하고 거역하며 멀리하며 도망 하였도다 하면서. 하나님과 부모님은 하늘을 바라보며 땅을 향하여 오늘도 슬퍼하며 통곡하며 울고 있었던 것입니다.

왜냐하면. 천하장사 삼손처럼 하나님과 부모님의 사랑과 은혜를 배반하며 불효하는 자와 자신의 배와 유익과 영광과 찬송을 위해 일하는 자는 악한 꾀에 빠져서. 하나님의 사람들과 의인들이 될 수가 없으며. 옛 뱀의 악한 거짓말에 속아서 모든 것을 빼앗기며 모든 힘을 잃어 버리며 두 눈 까지 빼앗기며 죽게 되었기 때문에. 하나님은 슬퍼하며 통곡하며 울고 있었던 것입니다. (삿 14:1-3 전 7:29)

그러므로. 오늘날 내가 가지고 있는 영광과 찬송과 명예와 재물과 내일 내가 가질 수가 있는 많은 영광과 찬송과 명예와 재물은 나의 것만이 아니라. 나에게 귀한 생명을 선물로 주시며 이름을 지어서 불러주신 하나님과 부모님의 하늘 보다 높으며 바다보다 넓은 십자가의 사랑과 은혜와 희생과 헌신으로 인한 결과물이기 때문 입니다.

우리들은. 하나님과 부모님의 것을 내 것이라 생각하며 내 것처럼 사용하며 내 것이라고 고집하며 살아 왔던 어리석은 불효자 이였던 것입니다. (롬 14:7-8 갈 2:20 빌 1:21)

의인 욥은. 자신의 것도 자신의 소유물이 아니었기 때문에 모든 것을 잃어 버렸을 때에도 하나님에 대한 거룩함과 정절의 약속과 비둘기의 순결함을 죽음으로 지키며 죽음의 불 시험의 고통 속에서 몸부림 칠 때도 하나님에 대한 믿음과 사랑이 있었기 때문에. 어리석은 사람들처럼 하나님을 원망하지 않았던 것입니다. (욥 1:21-22 23:10)

요나 선지자도. 하나님에 대한 절대적인 믿음이 있었기 때문에 죽음을 무서워하지 않으며 깊은 바다 속에 들어 갔으며. 하나님의 전을 바라 보면서 하나님께 간절히 기도할 수

가 있었던 것입니다. (욘 2:4)

사도 바울은. 내가 사는 것이 그리스도를 위함이니 내가 죽는 것도 내게 유익함이라 하는. 하나님에 대한 생사를 초월 하는 절대적인 믿음과 부활의 소망이 있었기 때문에 하나님의 거룩함과 정절의 약속과 비둘기의 순결함을 지킬 수가 있었던 것입니다. (롬 1:17 빌 1:21 갈 2:20)

예수님은. 아버지의 선하신 뜻을 모두 알지 못한다 할지라도 아버지의 선하신 뜻과 사랑과 은혜를 먼저 믿으며 삼십삼세의 젊은 나이에도 십자가의 죽음의 길을 끝까지 믿음으로 완주할 수가 있었던 것입니다.

왜냐하면. 하나님과 부모님은 귀한 생명을 선물로 주신 나의 친 하나님과 친 부모님이기 때문에 우리들에게 절대로 불의할 수가 없는 나의 부모님이 분명하기 때문입니다.

우리들이 지금까지 살아 있으며 숨을 쉬고 있는 이유도 일만 달란트 보다 크며 하늘보다 높으며 바다보다 넓은 사랑과 은혜 속에서 지금까지 살아 왔기 때문에 삼위일체 사랑의 가정을 완성하여 삼위일체 가족의 사랑의 약속을 예수님처럼 죽음으로 완성해야 합니다. (엡 6:1-3)

O 그러므로. 모든 종교인들은 반드시 물과 성령으로 거듭 태어날 수가 있어야 합니다. (요 3:1-8)

올챙이가 변하여 개구리가 되듯이 닭 알이 변하여 닭이 되듯이 누에 고치가 변하여 나비가 되듯이 자신의 악한 옛 죄악의 악한 습관과 악한 풍습을 배설물처럼 모두 깨끗하게 버리고. 물과 성령으로 거듭 태어남으로 하나님의 나라에 능력으로 당당하게 들어갈 수가 있어야 합니다.

왜냐하면. 하나님을 믿으며 예수님의 이름을 부르는 사람들이 하나님의 거룩한 성전을 장사하는 집과 강도의 소굴로 만들며 세상의 부귀 영화와 권세를 우상으로 섬기며 자신의 유익과 배와 영광과 찬송을 위하여 일하면 하나님의 나라에 들어 갈수가 없습니다. (요 2:16-17 5:41-44)

물은 예수 그리스도의 부활 하심으로 말미암아 이제 너희들을 구원하는 표니 곧 세례라 육체의 더러운 것을 제하여 버림이 아니요 오직 선한 양심으로. 하나님을 향하여 찾아가는 것이 곧 예수님의 세례이기 때문 입니다. (벧전 3:21)

6. 예수님의 십자가의 절규.

예수님은 큰 소리로 불러 가라사대 하나님 아버지여 내 영혼 아버지 손에 부탁 하나이다 하시며 십자가 위에서 운명하였습니다. (눅 23:46)

예수님과 부모님은 나의 죄로 인하여 내가 죽어야 할 때에 내가 죽지 않으며. 하나님과 부모님 앞에서 자신의 옛 죄악을 눈물로 완전히 회개하며 참 사랑의 종이 되어서 영광과 찬송을 드리며 그 이름을 영화롭게 하며 삼위일체 가족의 사랑의 약속을 예수님처럼 죽음으로 완성할 마지막 회개의 기회와 찬스를 선물로 주기 위하여 나의 죄악을 대신 담당하시며 나를 죽음에서 구원하며 다시 살리기 위하여 십자가 위에서 먼저 돌아가신 것입니다. (롬 5:6-8 딛 2:14)

예수님은 말씀 하시기를 무서워하는 악한 죄악을 다시는 범하지 않으며 자신의 옛 죄악을 눈물로 완전히 회개하며 악한 죄악과 마음을 다하며 목숨을 다하며 뜻을 다하여 싸워서 이기며 승리 하라고 말씀 하였습니다.

왜냐하면. 어리석은 출애굽 백성은 하나님의 택한 백성이며 아들 이라고 큰소리 치면서 악한 자의 악한 꾀를 악하게 배우며 죄악의 권세와 목숨을 다하여 피 흘리기 까지 싸우기를 포기 하였기 때문에. 광야에서 구원받지 못하고 모두

죽었기 때문 입니다. (민 14:22-23 마 22:37-40)

멸망 당한 니느웨 성은 자신들의 죄악을 눈물로 완전히 회개 하였을 때에는 용서함을 받았으나 다시 죄악을 범하였을 때에는 용서받지 못하고 멸망 당하였기 때문에. 자신의 마음 속에 들어 있는 악한 죄악의 권세와 피 흘리기 까지 싸워서 이기며 승리해야 합니다. (나 3:1-7 히 12:4)

하나님의 거룩한 성 예루살렘 성도. 자신들의 죄악을 알지 못하고 자신의 죄악을 눈물로 완전히 회개하지 않았으며 계속하여 죄악을 범하므로 결국에는 구원 받지 못하고 멸망 당하였기 때문 입니다. (마 23:37-39)

우리들은 자신의 옛 죄악을 눈물로 완전히 회개하며 아들이라 칭함을 감당치 못하겠으니 종이라 하옵소서 하면서 정말 사랑의 종이 되어서. 영광과 찬송과 경배를 드리며 그 이름을 영화롭게 하며 삼위일체 가족의 사랑의 약속을 예수님처럼 죽음으로 완성하면. 아무도 종이라고 말하지 못하며 능력으로 당당하게 하나님과 부모님의 아들이라 칭함을 받을 수가 있습니다. (롬 1:4 빌 2:5-8)

O 세상의 왕과 대 제사장과 장로들이 예수님을 죽인 이유는 무엇 때문 입니까. (요 5:41-44 11:47-53)

1. 군중들은 하나님의 선한 자신의 양심을 속이며 자신의

배와 유익과 영광과 찬송을 먼저 생각하며 예수님을 이단 자로 정죄하여 죽였으며 오늘 날에도 자신의 배와 유익과 영광과 찬송을 위하여 하나님과 부모님을 십자가에 못박아 죽이고 있었습니다. (마 15:3-9 눅 16:15 히 6:6)

2. 경건의 모양은 있으나 경건의 능력을 부인하는 위선자 들이기 때문에 하나님과 부모님을 자신의 눈으로 볼 수가 없었으며 남에게 빚을 지며 살인 간음 도적질 거짓 증거 하며 부모님을 거역하며 이웃에게 악을 행하므로. 우리들의 부모님으로 세상에 다시 오신 예수님을 무고하게 정죄하여 십자가에 못 박아서 죽인 것입니다. (골 3:5-6 딤후 3:1-7)

3. 대 제사장과 장로들은 세상의 부귀 영화와 권세를 우상으로 섬기며 하나님의 거룩한 집을 장사하는 집과 강도의 소굴로 만들며. 하나님과 부모님의 영광과 찬송과 보물과 축복과 영생을 도둑질하며 자신의 배와 유익과 영광과 찬송과 기득권을 지키기 위하여 예수님을 무고하게 정죄하여 십자가에 못 박아서 죽였던 것입니다.

4. 하나님의 영원한 진리에 대하여 알고는 있으나 자신의 입으로 말할 수가 없으며 증거할 수가 없는 하나님의 영원한 진리의 계명에 대하여 증거하며 증명하는 예수님의 생명의 말씀을 무서워하며 두려워함으로 유대인의 최고의 명절

유월절 인데도 하루 라도 빨리 예수님을 죽이려고 십자가에 못박아 죽였던 것입니다. (마 26:5 요 8:32-37 18:36-38)

☆ 예수님이 십자가에서 돌아가신 이유는 무엇 때문 입니까.

(엡 2:13-16 히 8:7 10:9)

너는 나 외에 다른 신을 네게 있게 말지니라 하는. 모세의 첫 계명에서 흠이 발생하였기 때문에. 우리들을 아무도 계명으로 정죄하지 못하게 하기 위하여 옛 계명의 첫 계명을 폐하면서. 내 부모님을 공경 하라는 하나님의 약속 있는 복 받는 첫 계명을 예수님의 유언의 약속으로 선물로 주기 위하여 십자가에서 먼저 돌아 가셨습니다. (행 13:28)

☆ 옛 계명에서 필연적으로 발생한 중요한 흠은 무엇입니까.

(히 8:7-13)

옛 계명에서 발생한 흠은 우리들이 아직 죄인 되었을 때 에도. 하나님께서 자신의 생명보다 우리들을 더 많이 사랑 하시며. 사랑의 종이 되어 먼저 섬기고 있었기 때문에. 하 나님과 부모님은 모세의 첫 계명을 하나님 자신의 몸으로 먼저 패할 수 밖에 없었던 것입니다. (롬 5:6-8 고후 4:4-5)

왜냐하면. 아들 삼으신 자녀들을 모세의 첫 계명으로 아무 도 정죄하지 못하게 하기 위하여. 자신의 몸으로 십자가에 먼저 돌아 가심으로 모세의 첫 계명을 정당하게 법대로 완전하게 폐하였으며. 지금도 사랑의 종이 되어서 우리들을 먼저 섬기고 있었던 것입니다. (엡 2:13-16 딤후 2:5)

☆ 옛 계명은 어린 아이들을 위한 연약한 계명 입니다.

 옛 계명은 어린 아이를 위한 어린 아이들의 것이기 때문에 어린 아이들은 완성할 수가 있으나 옛 계명과 율법은 연약 하며 무익하며 아무것도 온전케 하지 못하는 연약한 계명 입니다. (갈 3:23-25 4:1-7 히 10:9)

 어린 아이일 때에 익히는 연약하고 무익하며 아무것도 온 전케 하지 못하는 옛 계명을 예수님처럼 온전하게 완성할 수가 있도록 하기 위하여. 사탄이 철옹성이라 자랑하는 옛 계명의 첫 계명을 예수님이 십자가에서 직접 법적으로 완전 하게 폐하였습니다. (엡 2:13-16 히 7:18-19)

 그러나. 옛 계명은 일 이 삼 사 와. + - × ÷ 와 같은 수학의 가장 기본적인 법칙이기 때문에. 하나님의 계명을 온전하게 완성하기 위하여 옛 계명을 배우고 익히며 하나 님을 마음으로 믿음으로 믿음에서 믿음에 이름으로 온전히 완성할 수가 있어야 합니다. (요 6:28-29 롬 1:17)

 왜냐하면. 수학의 일 이 삼 사 와. + - × ÷ 의 수학의 법칙 을 똑 바로 계산할 줄 모르고 틀리게 계산하면. 수학을 배울 수가 없으며 수학을 완성할 수가 없기 때문에 먼저 옛 것을 배우고 익힘으로 새 것을 온전히 완성할 수가 있어야 하기 때문 입니다. (요일 3:23-24 5:2-3 온고지신)

어린 아이를 위한 모세의 옛 계명을 온전하게 배우고 익힘으로 예수님처럼 모세의 옛 계명을 온전히 완성하여 폐하며 둘째 것을 온전하게 완성하여 똑바로 바로 세워야 합니다.

왜냐하면. 예수님이 직접 우리들의 부모님으로 세상에 다시 오셔서 하나님의 약속 있는 복 받는 첫 계명을 예수님의 유언의 약속으로 우리들에게 직접 선물로 주었기 때문에. 어린 아이의 말과 생각과 행동과 습관을 버리며. 하나님의 유업을 이을 아들의 교육을 받아야 하며. 선악을 분별하는 장성한 어른이 되어서 예수 그리스도의 장성한 분량이 충만한데 까지 빨리 자라서. 하나님의 온전하심 같이 온전해질 수가 있어야 감히 하나님의 사람들 이라고 말할 수가 있기 때문 입니다. (마 5:48 고전 13:11 엡 4:13-15)

O 삼위일체 가족의 사랑의 약속을 예수님처럼 죽음으로 먼저 완성할 수가 있어야 합니다.

1. 하나님과 부모님을 공경하면 목마른 자도 물을 먹으며 돈 없는 자도 돈 없이 포도주와 젖을 살수가 있으며. 양식 아닌 것을 위하여 은을 달아주지 않으며 배부르지 못할 것을 위하여 쓸데 없이 수고하지 않으며 좋은 것을 먹으며

마음에 기름진 것으로 즐거움을 얻으며. 하나님과 부모님에게 사망에서 생명을 구원하는 의로운 지식과 지혜와 총명함을 배운다는 것이 곧 다윗에게 허락한 하나님의 영원한 사랑의 약속이기 때문 입니다. (사 55:1-3)

2. 태초부터 짝지어서 축복하여 주시며 좋았다고 말씀하신 삼위일체 가족의 사랑의 약속을 예수님처럼 죽음으로 완성하지 못하고 서로 불화하며 싸우면. 하나님도 두려워하는 불과 유황불의 마지막 심판을 당하게 된다고. 여호와께서 직접 말씀 하시면서 우리들에게 마지막 경고를 직접 하였기 때문 입니다. (말 4:5-6)

3. 하나님이 약속하신 복 받는 첫 계명의 약속대로 예수님 안 에서 내 부모님을 공경하면 땅에서 잘되며 장수할 수가 있으며 생명을 구원하는 의로운 지혜를 배울 수가 있으며. 하나님을 사랑하는 자는 눈에 보이는 부모님을 먼저 공경하라는 하나님의 약속 있는 복 받는 첫 계명을. 예수님이 직접 선물로 주었기 때문 입니다. (요일 4:20-21)

4. 하나님이 약속하신 복 받는 첫 계명을 악하게 폐하며 가짜 선지자와 가짜 선생들의 악한 거짓말에 속아서 하나님과 부모님을 거역하며 불효하며 싸우기 때문에. 하나님과 부모님의 축복을 받을 수가 없었으며. 미움 원망 욕심 욕함

거짓 싸움의 독사의 독이 가득 들어있는 죄악의 열매를 입으로 계속하여 받아 먹으며 하나님의 진노의 심판의 날을 예비하고 있었기 때문 입니다. (마 15:3-9)

5. 여호와의 생각은 우리의 생각과 다르며 그 길은 우리의 길과 달라서 하늘이 땅보다 높음 같이 여호와의 길은 우리의 길보다 높으며 여호와의 생각은 우리의 생각 보다 높기 때문에. 귀한 생명을 선물로 주시며 이름을 지어서 불러 주신 하나님과 부모님을 공경하며 효도함으로. 사망에서 생명을 구원하는 생명의 말씀과 의로운 지식과 지혜와 명철함을 배울 수가 있기 때문 입니다. (사 55:8-9)

6. 누구든지 자기 친족 특히 자기 가족들을 돌아보지 않는 자는 거짓말하는 자요 믿음을 배반한 자요 불신자 보다 더 악한 자요 하나님의 이름을 망령 되게 부르는 자이기 때문에. 자신의 집에서 부모님께 효도하며 공경하는 방법을 먼저 가르치며 삼위일체 사랑의 가정을 먼저 완성할 수가 있어야 하기 때문 입니다. (출 20:12)

7. 믿음은 바라는 것들의 실상이요 보지 못하는 것들의 믿음의 증거를 따라 사람의 눈에 보이는 땅에 있는 부모님을 먼저 공경하며 효도함으로. 사람의 눈에 보이지 않는 하늘에 계신 하나님을 공경하며 사랑하는 사람이라는 확실한

믿음의 증거를. 믿음의 선진들이 하나님께 믿음의 증거를 받았기 때문 입니다. (히 11:1-8 요일 4:20-21)

8. 예수님이 선물로 주신 천국의 열쇠는 무엇이 든지 땅에서 먼저 풀면 하늘 에서도 풀리며 무엇이 든지 땅에서 먼저 매면 하늘에서도 매이는 천국의 열쇠이기 때문에 눈에 보이는 땅에 있는 부모님을 하나님처럼 먼저 공경함으로 율법의 일 점 일 획 이라도 없어지지 않으며 모두 완성할 수가 있게 되었기 때문 입니다. (마 16:19 18:18)

☆ 세상에 많은 종교가 있는 이유는 무엇 때문 입니까.
(행 17:25-31)

노아의 대 홍수 심판 후에 사람들이 자신들의 이름을 나타내며 흩어짐을 면하며 세상의 악한 부귀 영화와 권세를 우상으로 섬기기 위하여 바벨탑을 만들었기 때문에. 하나님이 강림 하셔서 사람들의 언어를 혼잡게 하여 온 세상에 여러 국가와 여러 종교로 나누어서 흩으신 것입니다.

그러므로. 온 세상에는 하나님의 이름을 지칭하는 말과 글과 형상이 수십 개가 존재하고 있었습니다. (창 11:4-9)

바벨탑을 쌓으며 큰 신전을 건축하는 이유는 사탄의 악한 거짓말에 속아서 사탄을 경배하기 위함이요 자신들의 배와 유익과 영광과 찬송을 위한 것이기 때문에. 사람들의 언어를 혼잡게 하여 온 세상에 먼저 흩으신 것입니다.

하나님의 선하시며 기뻐하시며 온전하신 뜻은 하나님이 약속하신 복 받는 첫 계명을 완성함으로 살인 간음 도적질 거짓 증거하지 않으며 이웃에게 악을 행하지 않으며 선과 의를 행함으로 참 마음과 참 사랑으로 하나가 되는 것이며 예수님이 직접 말씀하신 경천 애인의 계명과 홍익 인간의 계명으로 하나가 되는 것이. 하나님과 부모님의 율법이요. 선지자이기 때문 입니다. (마 19:17-19 22:37-40)

왜냐하면. 하나님은 홀로 유대인의 하나님이며 또 이방인들의 하나님이며 진실로 이방인의 하나님도 되시며 세상 모든 백성들의 하나님이기 때문에 하나님이 기뻐하는 하나님의 사람들은 선과 의를 행하기를 기뻐하는 의인 욥과 같은 의인들이기 때문 입니다. (롬 3:29 골 3:10-11 3:25)

사람들의 언어를 혼잡케 하여 온 땅에 거하게 하시며 저희의 연대를 정하며 거주의 경계를 정하여 주심은 귀한 생명을 선물로 주시며 이름을 지어서 불러주신 나의 하나님과 나의 부모님을 혹 더듬어 찾아 발견케 하기 위하여 언어를 혼잡케 하신 것입니다. (사 42:8 행 17:27)

그러므로. 하나님은 망령되고 허탄한 옛 뱀의 악한 종교로 통일 되는 것을 원하지 않으며 사람들로 하여금 자신에게 귀한 생명을 선물로 주시며 이름을 지어서 불러주신 하나님과 부모님의 사랑과 은혜를 혹 더듬어 찾아 발견케 함으로 삼위일체 사랑의 가정을 완성하여 삼위일체 사랑의 약속을 예수님처럼 죽음으로 먼저 완성함으로. 삼위일체 사랑의 약속으로 하나가 되는 것을 원하기 때문에. 많은 나라와 많은 종교와 많은 언어를 특별하게 우리들에게 먼저 허락 하여 주신 것이며 하나님과 부모님은 각 사람들에게 멀리 떨어져 계시지 않으며 가까이 계시기 때문 입니다.

왜냐하면. 하나님은 천지의 주재 이시니 사람들의 손으로 지은 성전에 계시지 않으며 무엇이 부족한 것처럼 사람의 손으로 섬김을 받는 것이 아니요 이는 세상 모든 사람에게 생명과 호흡과 만물을 친히 주시는 살아 계시는 하나님이며 나의 부모님의 하나님이 나의 하나님이 되며 세상 모든 사람 들의 하나님이기 때문 입니다. (롯 1:16-17)

자신들의 종교와 자신들의 신앙과 자신들의 믿음을 희미한 거울의 속임수로 속이며 자신들의 유익과 배와 영광과 찬송을 위해 일하며 세상의 악한 부귀 영화와 권세를 우상 으로 섬기며 살인 폭력 방화 간음 도적질 거짓 증거하며 부모님을 거역하며 이웃에게 악을 행하며 하나님의 성전에 앉아서 자신을 보여 하나님이라 말하는 자들은 사탄의 종 노릇 하는 악한 자들 입니다.(빌 3:18-19 살후 2:3-4)

7. 여호와 하나님의 거룩한 성산.

 너희는 마음에 근심하지 말라 하나님을 믿으니 또 나를 믿으라 내 아버지 집에는 거할 곳이 많도다 내가 너희를 위하여 처소를 예비하러 가노라. (요 14:1-4)

 하늘나라 예루살렘 성전은 지극히 귀한 보석 같고 벽옥과 수정같이 맑으며 각종 진귀한 보석으로 만들었으며 생명수 강이 흐르며 강 좌우에는 달 마다 열두 가지 실과를 맺는 생명 나무가 자라며 황금 보석으로 만든 집과 편히 쉴 수가 있는 처소를 하나님이 준비하고 있었습니다.
하나님이 계시는 성전에는 다시는 저주와 상함과 해함이 없으며 참 빛과 평화와 행복과 평안과 기쁨과 사랑이 언제나 넘치는 곳 하나님 아버지의 영광의 집 입니다.
   (사 11:1-9 35:5-10 65:20-25 계 21:1-4 21:22)
 하나님 아버지의 집에서는 자신의 유익을 구하지 않으며 많은 사람들의 유익과 기쁨을 구하며. 선과 의를 행하기를 힘쓰기 때문에 하늘 나라 천국에는 공평과 공의와 사랑과 은혜가 충만한 곳이며. 자신이 일한 대로 자신이 먹으며 죄악과 상함과 해함과 슬픔과 아픔과 눈물이 없는 완전한 천국이 완성되며 하나님과 함께 왕 노릇할 것입니다.
 그러나. 귀한 생명을 선물로 주신 하나님과 부모님의 하늘

보다 높으며 바다 보다 넓은 큰 사랑과 은혜를 믿지 못하고 거역하며 불효하며 시험하며 두려워하는 자와 흉악한 살인자와 행음자와 술객과 우상 숭배자와 거짓말하는 자는 불과 유황불이 타는 못에 참예하리니. 이것이 사탄도 두려워하는 몸과 영혼이 함께 죽는 둘째 사망 입니다. (마 10:28)

☆ 하나님은 죽은 사람의 하나님이 아니요 살아 계시는 부모님의 하나님이라 하시니 죄악을 행하는 무리가 듣고 그의 가르침에 놀라더라. (마 22:32-33 눅 20:34-38)

 하나님은 하나님 아버지 자신을 먼저 위하는 하나님이 아닙니다. 하나님은 살아 계시는 우리들의 부모님을 먼저 위하시는 부모님의 하나님 입니다.
 그러므로. 부모님의 하나님이 나의 조상의 하나님이며. 살아 계시는 부모님의 하나님이 곧 나의 하나님이 되는 것이기 때문 입니다. (출 3:14-16 룻 1:16-17)
 왜냐하면. 예수님을 보는 자는 하나님을 보는 것이며 귀한 생명을 선물로 주시며 이름을 지어서 불러주신 부모님을 보는 자는 부모님으로 세상에 오신 예수님을 보는 것이기 때문에. 하나님은 신상과 불상과 우상을 만들지 말라고 하였던 것입니다. (출 20:4 요 12:45 14:9 히 11:1-2)
 우리들은 지금까지 조상의 하나님이 아닌 자를 하나님으로 예수님이 아닌 자를 예수님으로 부모님이 아닌 자를 부모님이라 부르며 힘써 하나님의 의에 복종치 않으며. 거역하며 불효하며 원수로 행하며 형상과 신상과 우상을 만들어 섬기고 있었던 것입니다. (마 15:3-9 롬 10:2-3 빌 3:18)

하나님과 부모님이 먼저 사랑의 종이 되어서 우리를 먼저 섬기고 있었기 때문에 하나님과 부모님의 동등 됨을 취하며 나의 종처럼 생각하며 거역하며 불효하는 무서운 죄악을 범하고 있었습니다. (마 23:33 빌 2:5-8)

많은 사람들이 우리의 부모님으로 세상에 다시 오신 예수님의 놀라운 가르침을 듣고서 하나님의 선한 자신의 양심에 가책과 마음에 찔림을 받아서 놀랐으며 자신의 유익과 배와 영광과 찬송을 먼저 위하여 하나님과 부모님을 거역하며 불효하며 시험하며 부모님을 죽이는 살인자의 죄악을 범하고 있었기 때문에. 화를 내며 돌을 들어 치려 하였던 것입니다. (요 8:7-9 8:59 10:31-32)

☆ 예수님과 부모님은 불효하며 거역하기 때문에 하늘에서 통곡하며 슬퍼하며 울고 있었습니다. (사 1:2-9 45:9-10)

하나님과 부모님은 사람을 무엇보다 존귀하게 창조 하였으나. 멸망 당하는 짐승과 같이 귀한 생명을 선물로 주신 하나님과 부모님의 사랑과 은혜를 배반하며 불효하기 때문에

하늘과 땅을 향하여 통곡하며 울고 있으며 이 땅에 사람 지으셨음을 한탄하고 있었습니다. (창 6:6)

왜냐하면. 들에 있는 소도 그 임자를 알고 나귀도 그 주인의 구유를 알건마는 불효자 시몬은 알지 못하고 거역하며 배반하며 불효하며 원수로 행하고 있었던 것입니다.

예수님은 여우도 굴이 있고 공중의 새도 거처가 있으되 인자는 머리 둘 곳도 없도다 하시며 쓸쓸히 찬 이슬을 맞으며 간절히 기도 하였으며. 생명의 말씀을 들으면 들을수록 더욱 화를 내며 죽이려 하며 돌을 들어 치려 하였기 때문에 슬퍼하였던 것입니다. (마 8:20 요 2:20 8:59)

노아의 대홍수 심판과 소돔과 고모라 성과 니느웨 성과 하나님의 거룩한 성 예루살렘의 멸망의 원인은. 하나님과 부모님의 사랑과 은혜를 잊어 버리고 징계와 교훈과 채찍을 싫어하며 거역하며 불효하며 사탄의 거짓말에 속아서 악하고 음란한 악한 세대의 악한 풍습과 악한 습관을 따르기 때문에 먼저 멸망 당하게 되었습니다.

그러므로. 하나님과 부모님의 선하시며 기뻐하시며 온전하신 뜻을 온전하게 분별하기 위하여 하나님과 부모님 앞에서 밤이 깊도록 간절히 기도 하기를 힘쓰며 징계와 교훈과 채찍을 무서워하지 않으며 도리어 기뻐함으로. 예수 그리스도의 장성한 분량이 충만한데 까지 빨리 자랄 수가 있어야 합니다. (마 5:48 엡 4:13-15)

☆ 보라 여호와의 크고 두려운 날이 이르기 전에 내가 선지자 엘리야를 너희에게 보내리니 그가 아비의 마음을 자녀에 게로 돌이키게 하며 자녀들의 마음을 그들의 아비에게로 돌이키게 하리라 돌이키지 아니하면 두렵건대 내가 와서 저주로 그 땅을 칠까 하노라 하시니라. (말 4:5-6)

여호와 하나님의 마지막 경고의 말씀 입니다. 삼위 일체 사랑의 가정을 완성하지 못하고 서로 불화하며 싸우며. 남편과 아내가 일체의 사랑의 약속을 죽음으로 완성하지 못하고 배반하면 형제들이 미움 원망 욕심 욕함 거짓 싸움의 독사의 독이 가득 들어있는 죄악의 열매를 입으로 계속 하여 받아 먹으며 삼위 일체 사랑의 가정을 완성하지 못하면. 여호와께서 두려워하는 불과 유황불의 마지막 최후의 심판을 당할 것이라고. 구약 성경책 마지막 말씀으로 기록하며 직접 경고 하였던 것입니다.

그러므로. 사탄의 종 노릇 하는 세상의 임금과 선생과 선지자를 자신의 우상으로 섬기지 않으며. 하나님과 부모님을 공경하며 효도하며 내 이웃에게 악을 행하지 않으며 선과 의를 행하기를 먼저 힘쓰며. 하나님의 사람 선지자 엘리야까지도 자신들의 우상으로 섬기지 않아야 합니다.

왜냐하면. 여호와의 크고 두려운 날이 이르기 전에 선지자 엘리야가 올지라도. 삼위일체 사랑의 가정을 완성하지 못하고 서로 불화하며 싸운다면 여호와께서 진정으로 두려워하는 불과 유황불의 심판을 당하게 된다고. 여호와께서 무서운 경고를 직접 하였기 때문 입니다. (겔 14:14)

그러므로. 돌아온 탕자처럼 하나님과 부모님 앞에서 자신의 옛 죄악을 눈물로 완전히 회개하며 참 사랑의 종이 되어서 영광과 찬송과 경배를 드리며 그 이름을 영화롭게 하며. 삼위일체 가족의 사랑의 약속을 예수님처럼 죽음으로 먼저 완성할 수가 있어야 합니다. (약 4:8-9)

왜냐하면. 예수님과 부모님보다 먼저 온 자들은 강도요 절도요 도적이요 늑대와 이리이며 돈을 받고 일하는 악한 삯꾼이기 때문에 우리들을 위하여 자신의 목숨을 버리지 않기 때문 입니다. (요 10:7-18)

우리들을 위하여 자신들의 목숨을 버릴 수가 있는 사람들은 귀한 생명을 선물로 주시며 이름을 지어서 불러주신 하나님과 부모님과 삼위일체 사랑의 가족들 입니다.

☆ 하나님과 부모님이 삼위일체 사랑의 가정을 만들어 축복하여 주신 이유는 무엇 때문 입니까. (창 2:17-18)

1. 삼위일체 사랑의 가정을 먼저 완성하면 옥토에 씨를 뿌린 자와 같으며 자신의 밭에 씨를 뿌린 자와 같음으로 30 배 60 배 100 배의 아름다운 열매를 하나도 잃어 버리지 않으

며 거둘 수가 있으며 하나님과 부모님의 무한대의 사랑과 은혜의 축복을 받으며 하늘의 복과 땅의 복을 받을 수가 있기 때문 입니다. (창 15:3 마 13:24 13:31)

2. 삼위일체 사랑의 가정을 완성하지 못하고 배반하면 돌 밭에 뿌린 씨가 되며 남의 밭에 뿌린 씨가 되어서. 많은 열매를 거두지 못하며 잃어 버리며 하나님과 부모님의 무 한대의 사랑과 은혜의 축복을 받지 못하며 노아의 아들 함처럼 사탄의 악한 시험에서 패배하게 됩니다

3. 삼위일체 사랑의 가정을 완성하여 삼위일체 사랑의 약 속을 죽음으로 완성하면 자신의 많은 옛 죄악을 사함 받으 며 의로운 자라 칭함을 받으며 의로운 자 편에 섬으로 성 결의 영으로서 죽은 자 가운데서 부활하여 능력으로 하나 님의 아들로 인정되는 자격을. 하나님과 부모님에게 당당 하게 선물로 받을 수가 있습니다. (마 13:38 롬 1:4)

4. 하나님이 삼위 일체 사랑의 가정을 만들어 주신 이유는 삼위일체 가족의 사랑의 약속은 언제 까지든지 떨어지지 않으며 영원하며. 영원한 생명을 또 다시 하나님께 선물로 받을 수가 있으며 불가능을 가능으로 만들 수가 있으며 사 탄의 악한 세가지 죄악의 시험과 죽음의 권세와. 사망의 시험에서 이기며 승리할 수가 있기 때문에 예수님이 직접

세상에 다시 오셔서 예수님이 삼위일체 사랑의 약속을 죽음으로 완성하신 것처럼 예수님 안에서 내 부모님을 공경하라는 하나님의 약속 있는 복 받는 첫 계명을 직접 선물로 주었던 것입니다. (사 55:1-3 엡 6:1-3 빌 2:5-8)

5. 세상 마지막 날의 징조는 삼위일체 사랑의 가정을 완성하지 못하고 서로 불화하며 싸우면. 심판을 당하게 된다고 여호와 하나님 아버지께서 마지막 경고를 직접 하였기 때문에 삼위일체 가족의 사랑의 약속을 예수님처럼 죽음으로 먼저 완성해야 합니다. (말 4:5-6 엡 6:1-3)

☆ 예수님이 말씀하신 마지막 심판의 날은 어느 때 입니까.

야곱의 아들 요셉이 밤에 꿈을 꾸었는데 옛날부터 세상의 사람들은 태양은 아버지를 하늘의 달은 어머니를 하늘의 별들은 열두 명의 형제들을 말하고 있었던 것입니다.
예수님은 그날 환난 후에 즉시 해가 어두워지며 달이 빛을 내지 않으며 별들이 하늘에서 떨어지며 하늘의 권능이 흔들리리라 하셨으며 또 주의 크고 영화로운 날이 이르기 전에 해가 변하여 어두워 지고 달이 변하여 피가 되리라고 말씀 하였던 것입니다. (창 37:5-11 마 24:29 행 2:20)
해와 달이 되는 부모님을 거역하며 불효하면 해가 되는 아버지는 빛을 잃어 버리며 달이 되는 어머니는 핏빛으로 변하며 별이 되는 열 두 형제들이 서로 싸우면 별들이 하늘에서 떨어지며 하나님이 짝지어 축복하여 주며 좋았다 말씀하신 삼위일체 사랑의 가정은 파괴될 것이며. 이 땅은 지옥으로 변하게 될 것입니다. (창 2:17-18 마 12:25-26)

 그러므로. 남편이 아내와 불화하며 아내와 남편이 불화 하며 서로 싸우며 아들이 아버지와 싸우며 딸이 어머니와 싸우며 짝지어 축복하신 삼위일체 가족의 사랑의 약속을 배반하면 삼위일체 사랑의 가정은 스스로 파괴될 것이며 구약 성경책 마지막 장 마지막 말씀처럼 하나님이 진정으로 두려워하는. 세상의 마지막 심판의 날을 허락하지 않을 수가 없을 것입니다. (눅 16:15 고전 3:16-17 6:15-20)

☆ 여호와의 손이 짧아서 구원치 못하심도 아니요 귀가 둔하여 듣지 못하심도 아니라 자신들의 죄악으로 인하여 스스로 멸망 당하여 죽게 되는 마지막 최후의 심판을 당하게 되는 것입니다. (사 59:1-3 욥 1:15)

 왜냐하면. 저희 손은 피에 저희 손가락은 죄악에 저희 입술은 거짓을 말하며 저희 혀는 악독을 발함으로 자신의 죄악으로 인하여 자신이 스스로 죽게 되는 심판이기 때문에 악한 뱀의 종 노릇 하는 악한 자들은 아무 것도 변명하며

원망할 수가 없었습니다. (애 3:38-39)

 어리석은 출애굽 백성들과 예루살렘 성처럼 하나님의 택한 백성이요 제사장이요 아들이기 때문에. 죄악을 범해도 용서함을 받으며 구원을 받을 수가 있다는 옛 뱀의 악한 거짓말과 망령되고 허탄한 사탄의 악한 신화를 믿으며 스스로 악한 꾀에 빠져서 하나님과 부모님에게 전지전능 하신 능력이 있으면 어디 한번 나를 구원해 보아라 하며. 어리석은 출애굽 백성처럼 하나님과 부모님의 사랑과 은혜를 악한 꾀에 빠져서 악하게 시험하면. 하나님의 아들 예수님이라 하여도 구원받지 못하며 사탄의 종이 되어서 죽게 될 것입니다. (전 7:29 마 4:7 23:37-39)

 왜냐하면. 귀한 생명을 선물로 주시며 이름을 지어서 불러 주신 하나님과 부모님의 존귀한 아들로 지음을 받았다면 하나님과 부모님을 먼저 공경하며 효도하며 자신의 영광과 찬송을 위해 일하지 않으며 자신의 기득권을 버리며 많은 사람의 유익과 그들의 생명을 구원하기 위해 일하며 사랑의 종이 되어서 고아와 과부를 환난 중에 도와 주며. 또 자기 자신을 지켜서 세속의 악한 풍습과 악한 습관에 물들지 않아야 하기 때문 입니다. (약 1:27)

O 우리들은 반드시 물과 성령으로 거듭 태어날 수가 있어야만 하늘 나라에 들어 갈 수가 있습니다. (요 3:3-8)

닭 알이 부화하여 병아리가 되며 애벌레가 자라서 매미가 되며 누에고치가 변하여 나비가 되는 것처럼. 하나님과 예수님을 믿기 전에 행하던 옛 죄악의 악한 습관과 악한 풍습과 악한 욕심과 악한 음욕을 배설물처럼 모두 깨끗하게 버리며 다시는 죄악을 범하지 않아야 합니다.

물과 성령으로 거듭 태어났으며 예수님의 이름으로 구원을 선물로 받았다고 말하면서 살인 폭력 방화 간음 도적질 거짓 증거하며 부모님을 거역하며 이웃에게 악을 행한다면. 믿음을 배반한 자요 거짓말하는 자요 불신자 보다 악한 자요 하나님의 이름을 망령되게 부르는 사탄의 종 노릇 하는 악한 자가 분명하기 때문 입니다. (벧전 3:21)

☆ 사탄의 제일 되는 궁극적인 마지막 목적은.

사탄의 제일 되는 마지막 목적은. 가화만사성을 완성하지 못하게 훼방하는 것입니다. (창 3:1-6)

첫 사람 아담과 하와와 같이 일체의 사랑의 약속을 배반하며 원망하며 핑계하며 서로 싸우게 하는 것이며 형제 들이 가인과 아벨처럼 미워하며 싸우게 하며 삼위일체 사랑과 은혜의 약속을 배반하게 하는 것이 사탄의 궁극적인 마지막 목적 입니다. (창 3:12 4:1-7)

8. 천체 물리 학과.

창세로부터 그의 보이지 아니하는 것들 곧 그의 영원하신 능력과 신성이 그 만드신 만물에 분명히 보여 알게 되나니 그러므로. 저희가 핑계치 못할 것입니다. 하나님을 알되 하나님을 영화롭게도 아니하고 감사치도 않으며. 오히려 미련한 마음이 어두워 졌나니 스스로 지혜 있다 하나 우준하게 되어 썩어지지 아니하는 하나님의 영광을 썩어질 사람과 금수와 버러지 형상의 우상으로 바꾸었느니라. (롬 1:18-25)

 하나님과 부모님의 사랑과 은혜를 잘 알고 있으면서 하나님과 부모님을 영화롭게 하지 않으며 감사 하지도 않으며 어리석은 출애굽 백성들처럼 스스로 지혜 있다 하며 악한 꾀에 빠져서 썩어지지 아니하는 하나님과 부모님의 영광을 썩어질 금수와 버러지 형상의 우상으로 바꾸며 세상의 부귀 영화와 권세를 우상으로 섬기며 가짜 왕과 가짜 선지자와 가짜 선생을 따르며 악한 뱀과 독사의 새끼가 되었던 것입니다. (마 3:7 23:33)
 오늘날의 과학 발전은 천하 만물 속에 숨어있는 하나님의 놀라운 솜씨와 영원하신 능력과 신성을 찾아내는 발견에서 과학이 발전되고 있기 때문에 천하 만물을 창조하신 하나님과 부모님과 옛 선진에게 먼저 감사와 영광과 찬송을 드

려야 합니다. (사 55:1-3 엡 6:1-3)

왜냐하면. 하나님과 부모님과 수많은 선진들의 사랑과 은혜와 피와 땀과 열정이 없었다면 오늘날의 과학 발전도 없었을 것이기 때문 입니다. 그러므로 예수님은 병든 자들을 고쳐 주면서 진리와 지혜와 훈계와 명철도 나의 것이 아니라 하나님과 부모님의 것이기 때문에 사고 팔지 않으며 거저 주라고 말씀 하였습니다. (잠 23:23 마 10:7-8)

사람들은 손으로 무엇을 만들지만 하나님은 말씀으로 천지를 창조하신 전지 전능하신 분 입니다. 사람들의 역사는 6 천년 이지만 하나님은 수천 억년의 역사와 무한대의 역사와 알파와 오메가의 역사 입니다. (계 1:8)

사람들은 3 차원 세계에 살고 있지만 하나님의 세계는 차원이 다른 고차원의 세계에 살고 있었습니다. 사람의 지혜는 백년 이지만 하나님은 수천 억년 지혜와 무한대의 지혜를 가지고 있습니다. (전 8:17)

하나님이 직접 천하 만물들 속에 들어 있는 하나님의 영원하신 능력과 신성을 보여 주며 증거하며 증명하여 보여 주어도 알지 못하고 사람의 눈으로 보지 못하는 것은 없다고 거짓말하며 사탄의 악한 꾀를 악하게 배우면 하나님의 진노의 심판을 당하게 될 것입니다. (전 7:29)

천사와 사탄은 영 O 체 이기 때문에 사람이 영 O 체를 눈으로 볼 수가 없는 것은 지극히 당연한 것입니다.

천사가 있으면 사탄이 있으며 천국이 있으면 지옥이 있으며 죽음이 있으면 부활과 있으며 선과 악에 대한 하나님의 무서운 심판이 있을 것입니다. (요 16:7-16 히 9:27-28)

우리들이 영광의 몸으로 홀연히 변화하여 하나님 아버지의 심판대 앞에 설 때에 귀한 생명을 선물로 주신 예수님과 부모님과 천국과 부활과 영생과 심판을 믿지 않으며 악한 짐승들처럼 죄악 가운데 살아온 어리석은 자는 슬피 울며 이를 갊이 있을 것입니다. (마 25:31-46)

☆ 만 리 를 볼 수 있 는 망원경의 발전으로.

창세로부터 그의 보이지 아니 하는 것과 하늘이 하나님의 영광을 선포하고 있는데 하늘을 눈으로 바라 보면서 하늘을 만드신 하나님을 믿지 못한다면 정말로 어리석은 바보들 입니다. (시 19:1 96:5 롬 1:18-25)

하나님이 만드신 우주의 넓이와 크기와 깊이와 정확하게 운행되는 수천억 개의 바닷가의 모래알 같은 하늘의 별들과 천체와 생명의 신비함을 잘 알고 있으면서 하나님의 전지 전능 하심을 믿지 못하고 하나님과 부모님을 거역하며 불효하며 시험하며 자신들의 배와 유익과 영광과 찬송을 먼저 위한 다면 땅을 치며 크게 후회하며 통곡하며 슬피 울게 될 것입니다. (욥 9:9-10 22:12 26:7-8 35:5-8)

☆ 엑스레이와 사진 기술의 발전으로.

 사람들의 눈에 보이지 않는 것 까지도 사진으로 만들며 눈으로 직접 볼 수가 있기 때문에 하나님과 부모님 앞에서 자신의 은밀한 죄악을 숨길 수가 없으며 마음과 뜻과 생각을 모두 알기 때문에 자신들의 죄악을 자신들의 입으로 자신이 직접 자백하게 될 것입니다. (롬 14:11-12)
 왜냐하면. 하나님 아버지 앞에는 흑 암도 광명과 같이 모두 환하게 나타나기 때문에 누구든지 악한 죄악을 조금 이라도 숨기며 변명하며 핑계할 수가 없을 것입니다.
왜냐하면. 하나님의 보좌 앞에 네 생물이 있는데 각각 여섯 날개가 있고 앞과 뒤와 그 안과 주위에 수 많은 눈들이 가득하기 때문에 하나님의 심판대 앞에는 아무 것도 숨길 수가 없기 때문 입니다. (시 139:12-17 계 4:6-8)

☆ 현미경의 발전으로. (벧후 2:4 유 1:6 계 12:7-9)

 사람의 눈으로 볼 수도 없으며 느낄 수도 없는 미생물의 세계를 자신의 눈으로 직접 보며 관찰 하면서 사람의 눈으로 볼 수가 없는 하나님의 세계와 영들의 세계와 무한대의 세계를 마음의 눈으로 볼 수가 있는 하나님의 놀라운 지식과 지혜와 명철함이 있어야 합니다. (시 11:7 마 5:8)

사람의 눈에 보이지 않으나 존재하는 것들은 천사와 사탄과 미생물과 소리와 바람과 전기와 전파와 자력과 만유 인력과 같은 것들은 세상에 많이 존재하고 있었으며. 착시와 환상과 신기루와 거울의 허상들은 사람의 눈에는 보이지만 세상에 실지로 존재하지 않는 것들 입니다.

그러므로. 하나님과 부모님의 무한대의 사랑과 은혜와 축복이 사람의 눈에 보이지 않는다고 없다고 한다면. 하나님과 부모님의 무한대의 사랑과 은혜와 축복과 도움을 받지 못하게 되며 옛 뱀의 악한 거짓말에 속아서 사탄의 악한 죄악의 시험에서 패배하게 됩니다. (시 121:1-8)

☆ 컴퓨터와 기계 공업의 급속한 발전으로.

사람은 흙 속에 들어있는 여러 가지 물질과 철로서 전기 제품과 여러 가지 물질을 만들어 사용할 수가 있으며 로보트를 만들어 사용하기 때문에 하나님의 영원하신 신성과 능력 은 충분하게 흙으로 사람을 만들 수가 있었습니다.

하나님은 우리들에게 귀한 생명을 선물로 주신 분이며 영원한 생명을 또 다시 선물로 줄 수가 있는 생명의 주인이며 아름다운 꽃과 과일과 열매를 흙 속에서 자라게 하며 풍성하게 열매 맺을 수가 있게 하시는. 살아 계시는 전지 전능하신 하나님 아버지 입니다. (계 1:12-16 2:18)

또한 사람이 만든 자동차도 수명이 다하면 형체와 모양과 성능까지 향상 시켜서 새로운 자동차를 또 다시 만들 수가 있는 것처럼 사람은 죽어도 동물처럼 흙으로 돌아가지 않으며 예수님과 엘리야와 모세처럼 마지막 나팔 소리에 순간에 홀연히 영광의 몸으로 변화할 것입니다.

☆ 과학의 발전으로 많은 것을 알 수가 있게 되었습니다.

과학의 발전으로 많은 것을 알 수가 있으며 많은 것을 볼 수가 있게 되었습니다. 세상에 처음 태어난 자신의 아이와 신묘막측 하게 창조된 자신의 몸을 눈으로 직접 보면서 하나님의 영원하신 능력과 신성을 믿으며 하나님께 영광과 찬송과 경배를 드리며 그 이름을 영화롭게 하며 선과 의를 행하기를 힘써야 합니다. (시 139:12-14 고전 15:35-52)

☆ 무한대 라는 말은 영원히 끝이 없다는 것입니다.
   (딤전 6:16 히 13:8 계 1:8 1:17-18 22:12)

그러나. 무한대는 분명히 끝이 있는 유한대 입니다. 왜냐 하면 시작이 있으면 끝이 있으며 끝이 있다면 시작이 있어야 하기 때문 입니다. (출 20:5 신 23:7-8)

유한한 사람의 눈으로 보기에는 모든 것이 무한대 이지만 무한 하신 하나님이 보기에는 모든 것이 유한대 이며 사람은 죽음이 있음으로 무한대가 존재할 수가 있지만 하나님은 영존함으로 모든 것이 유한대가 될 수가 있었습니다.

왜냐하면. 하루살이는 한 계절이 무한대 이며 메뚜기는 일년이 무한대가 되며 사람은 삼사 세대가 무한대 입니다.

영원히 살 수가 있는 하늘의 천사들과 하늘의 신들도 무한대로 살수가 없으며 죽게 됩니다. (고전 15:39-41).

무한대도 상대적인 것이며 절대적인 것이 아니기 때문에 사람들은 무한대가 있지만 하나님은 영존 하심으로 무한대가 없으며 모든 것이 유한대로 변하게 됩니다.

☆ **예수님이 세상에 오신 마지막 목적은 입니까.**

예수님이 세상에 오신 궁극적인 마지막 목적은. 성결의 영으로서 죽은 자 가운데서 무덤에서 부활하여 능력으로 하나님의 아들로 인정 되는 자격을. 예수 그리스도처럼 능력으로 당당하게 하나님께 선물로 받게 하는 것이. 예수님이 우리들의 부모님으로 세상에 다시 오신 궁극적인 마지막 목적 입니다. (롬 1:4 빌 2:5-8 딛 2:14 3:8)

9. 악한 옛 뱀의 욕심의 곱하기의 속임수.

근신 하라 깨어라 너희 대적 마귀가 우는 사자 같이 두루 다니며 삼킬 자를 찾나니 너희는 믿음을 굳게 하고 저를 대적 하라. (벧전 5:8-9)

악한 사탄은 하나님의 선하시며 기뻐하시며 온전하신 뜻을 알지 못하는 악한 자의 마음속 깊은 곳에 숨어 살고 있음으로 우리들은 사탄 마귀들의 존재를 잊어 버리고 생각하지 못하고 아무렇게 살고 있었습니다.

악한 사탄 마귀는. 세상의 악한 부귀 영화와 권세를 탐하는 우리들의 잘못된 사랑과 욕심과 거짓된 믿음 속에도 살고 있었으며 천사와 같은 자신의 아이들의 마음속 깊은 곳에도 살고 있었던 것입니다. (요 8:44 고후 11:13-15)

악한 사탄 마귀는. 아름다운 음악과 예술과 체력을 기르는 스포츠와 정치와 공정과 공평과 자유와 정의를 부르짖는 곳에도 살고 있었으며. 하나님의 거룩한 종교 단체와 경천애인과 권선징악을 말하는 우리들의 거짓된 마음 속에도 악한 사탄 마귀들은 함께 살고 있었습니다.

사탄 마귀는 악하고 음란한 악한 세대의 악한 풍습과 악한 습관을 세상의 악한 트렌드 라고 거짓말하며 음란과 음행과 간통에 빠지도록 악한 거짓말하며 경건에 이르는 연습을 기쁨으로 계속하지 못하도록 오늘도 악한 거짓말을 하고 있었던 것입니다. (골 1:5 딤전 4:7-9 **trend**)

아담과 하와를 간교한 거짓말로 속인 사탄은 오늘도 우는 사자 같이 두루 다니며 삼킬 자를 찾으며. 성경을 반대로 꺼꾸로 가르치며 첫 번째 해야 할 일을 하지 못하도록 악한 거짓말을 계속하고 있었던 것입니다.

사탄과 아이돌은 연극과 영화와 체육과 건강과 예술이라는 가짜 아름다운 가면을 쓰고 음탕하며 음란한 성 행위와 몸짓과 간음과 간통과 성 추행을 오늘도 계속하고 있기 때문에. 악한 자들의 가짜 열매로 그들의 악한 죄악을 분명하게 분별할 수가 있어야 합니다. (갈 5:13-15 5:16-26)

사탄은 노동의 자유와 권리와 정의와 정당한 일에 대한 보상 이라는 거짓된 가면을 쓰고 우리들을 속이고 있었으며 오락과 유원지와 관광지를 찾으며 술 취하고 음욕에 취하고 마약에 취하게 함으로 악한 옛 뱀의 종 노릇 하도록 만들고 있었던 것입니다. (잠 26:25 렘 17:9-10)

음행하는 악한 자의 마음은 회칠한 무덤과 같으며. 겉으로는 아름답게 보이지만 그 속에는 죽은 자의 뼈와 벌레와 음행과 음욕과 음탕함과 모든 더러운 것들이 가득하기 때문에. 예수님과 제자들과 사도 바울은 하나님이 주신 의로운 사명을 죽음으로 완성하기 위하여 자신에게 유익한 것들을 배설물처럼 깨끗하게 버리며 하나님의 부르심의 상을 얻기 위하여 자신의 몸을 자신이 쳐서. 하나님의 의로운 명령에 복종함으로 부르심의 사명을 죽음으로 완성할 수가 있었던 것입니다. (고전 9:24-27 빌 3:5-14)

☆ 다음의 문제를 직접 풀어 보시기 바랍니다.

1. 하나님께 용서함을 받지 못하는 가장 큰 죄악은 무엇 입니까. (창 2:17-25 3:12 아 8:5-7 벧전 3:7)

2. 삼위일체를 증명할 수 있는 다른 것은 무엇이 있습니까. 처음에는 하나 였으나 둘로 나누어서 (1 과 2 로) 다시 하나가 (A) 되었으며 하나가 된 것에 또 다른 하나가 (3 이) 합하여 다시 하나가 (B) 되었으며 B 가 변하여서 완전한 삼위일체 (C 가) 되었습니다 A 는 사람이 나눌 수가 없으나 C 는 나눌 수도 있습니다 (창 2:24 출 3:14 마 19:6)

3. 성냥개비 12 개로 정 삼각형 두 개 만들기.
정 육각형 안에 있는 정삼각형을 성냥개비 2 개를 옮길 때마다 정 삼각 형이 하나씩 줄어들게 만들어서 정 삼각형이 두 개가 될 때까지 정 삼각형을 만들어 보십시요.

4. 12 개의 분동 중에서 가룟 유다의 분동 찾기.
12 개의 분동 중에는 무게가 무거운지 가벼운지 모르는 다른 분동 하나가 있습니다 하늘의 저울 천칭을 3 번만 사용하여 무게가 다른 분동 하나를 찾아 보십시요.

(3 정 육각형)　　　(4 하늘의 저울 천칭)

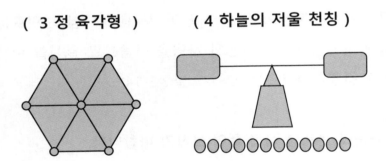

[위의 4 가지 문제는 여러분이 직접 풀어 보십시오.]

5. 긴 줄을 빙빙 돌려서 만든 두 개의 구멍 중에서 줄을
　 당 겼을 때에 손에 걸리는 구멍은 어디 입니까.

(5 번 긴 줄)

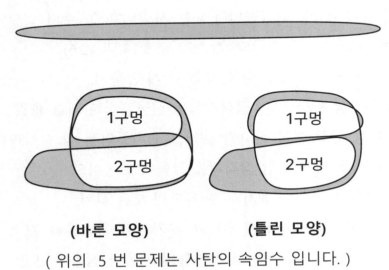

(바른 모양)　　　(틀린 모양)
(위의 5 번 문제는 사탄의 속임수 입니다.)

O 사탄의 속임수.

긴 줄을 빙빙 돌려서 만들어 놓은 2 개의 구멍 중에서 바른 모양은 2 번 구멍에 손을 넣고 줄을 당기면. 긴 줄은 분명하게 손에 걸리게 됩니다.

그러나. 틀린 모양은 두 개의 구멍 모두 줄이 손에 걸리지 않고 빠져 나가게 됩니다. 왜냐하면 긴 줄을 빙빙 돌릴 때에 바른 모양은 줄이 곱하여 지지 않고 똑바로 내려 왔으나 틀린 모양은 손을 살짝 뒤집음으로 중간에서 줄이 곱하기 되므로 2 개의 구멍 모두 손에 줄이 걸리지 않게 됩니다.

왜냐하면. 우리들은 줄이 중간에서 곱하기 된 것을 알지 못하기 때문에 두 개의 구멍 중에서 줄이 손에 걸리는 곳을 찾음으로 사탄의 욕심의 곱하기의 속임수에 속고 있었으며 하나님과 부모님을 거역하며 불효하며 원수로 행하고 있었던 것입니다. (창 3:3-6 렘 2:26 호 6:9-10)

왜냐하면. 옛 뱀의 욕심의 곱하기의 속임수에 속으면 사도 바울과 같이 지혜롭고 많이 배우며 의로운 사람 이라도 거짓말에 속으며 주식과 도박처럼 악한 자에게 모두 빼앗기게 되며 선과 의를 행한다 해도 모든 것이 합하여 죄악으로 나타나게 되었던 것입니다. (렘 2:13)

왜냐하면. 사탄은 마음대로 줄을 곱하기 할 수도 있으며 곱하기하지 않을 수도 있으며 마술사처럼 성공과 실패를 만들 수가 있으며. 주식의 가치를 높이며 낮출 수도 있으며 카드의 숫자를 마음대로 바꿀 수가 있기 때문에 성공도 온전한 성공이 아니며 가짜 성공이며 시한부 성공 입니다.

그러므로. 사탄이 주는 세상의 부귀 영화와 권세는 아침 안개와 같이 순식간에 없어지게 되며 자신의 모든 것을 모두 빼앗기게 되며 마지막에는 비참한 죽음을 당하게 될것이기 때문에. 사도 바울처럼 많이 배우며 총명하며 지혜롭고 의로운 사람들도 조심하며 하나님의 의로운 지식과 지혜와 총명함을 하나님께 간절히 간구하며 오직 경건에 이르는 연습을 기쁨으로 계속할 수가 있어야 합니다.

왜냐하면. 지혜로운 사람과 많이 배운 사람들도 제사장과 장로들이 세상의 왕과 족장과 입을 맞추며 하나님과 부모님의 영광과 찬송과 보물과 축복과 영생을 도둑질하며 하나님의 거룩한 집을 장사하는 집과 강도의 소굴로 만들고 있다는 것을 알지 못하고. 사탄과 마술사의 거짓말에 속아서 예수님과 부모님을 십자가에 못박아 죽이는 무서운 살인자의 죄악에 적극적으로 동의하며 동조하며 동참하고 있었던 것입니다. (요 2:16-17 행 7:51-60)

O 믿음은 바라는 것들의 실상이요 눈으로 직접 보지 못하는 것들의 믿음의 증거니 믿음의 선진들이 이로써 확실한 믿음의 증거를 얻었느니라. (히 11:1-2)

하나님의 모양과 형상은 아담이며 아담의 모양과 형상은 셋 이며 셋의 모양과 형상은 우리들의 부모님이며 부모님의 모양과 형상은 하나님이며 하나님의 모양과 형상은 예수 그리스도 입니다. (요 14:9)

그러므로. 믿음은 바라는 것들의 실상이 되는 것은. 하나님의 모양과 형상으로 먼저 지음 받았으며 귀한 생명을 선물로 주시며 이름을 지어서 불러 주신. 하나님과 부모님의 모양과 형상이 곧 우리들의 믿음의 실상이 되며 믿음의 형상이 되는 것입니다. (창 1:26 5:1-3 고후 4:4)

믿음은 바라는 것들의 실상이요 보지 못하는 것들의 믿음의 증거로 자신의 부모님을 먼저 공경하며 효도하는 사람들이 하나님을 공경하며 사랑하는 사람이라는 확실한 믿음의 증거를. 믿음의 선진들이 하나님께 믿음의 증거를 받았던 것입니다. (히 11:1-2)

왜냐하면. 눈으로 보지 못하는 것의 믿음의 증거로 눈에 보이는 부모님을 먼저 사랑하지 않는 자는. 눈에 보이지 않는 하나님을 사랑할 수가 없으며 이는 거짓말하는 자요 믿음을 배반한 자요 불신자 보다 더 악한 자이기 때문에. 부모님을 공경하며 효도하는 방법을 먼저 가르치라고 하였으며. 예수님 안에서 내 부모님을 공경하라는 하나님이 약속하신 복 받는 첫 계명을 예수님이 직접 선물로 주었기 때문 입니다. (딤전 5:4 5:8 요일 4:20-21)

왜냐하면. 무엇이 든지 땅에서 먼저 매면 하늘 에서도 매이며. 무엇이 든지 땅에서 먼저 풀면 하늘에서도 풀리는 천국의 열쇠를 예수님이 직접 선물로 주었으며. 믿음은 바라는 것들의 실상이요 보지 못하는 것들의 믿음의 증거로 땅에 있는 눈에 보이는 귀한 생명을 선물로 주시며 이름을 지어서 불러주신 자신의 부모님을 먼저 공경함으로. 사람의 눈에 보이지 않는 하늘에 계신 하나님을 사랑한다는 믿음의 증거를 믿음의 선진들이 확실한 믿음의 증거와 만고 불변의 영원한 진리의 계명을 하나님께 직접 선물로 받았기 때문 입니다. (마 16:19 18:18 히 11:1-2)

 그러므로. 눈에 보이는 하나님의 실상과 형상이 되는 자신의 부모님을 예수 그리스도 안에서 먼저 공경하며 순종함으로. 눈에 보이지 않는 하늘에 계신 하나님을 사랑하는 믿음의 증거로 삼으며. 율법의 일 점 일 획도 없어지지 않고 완성할 수가 있게 되었습니다. (마 5:17-18)

☆ **긴 띠의 앞면과 뒷면에 있는 4 개의 점을 한번 만에 모두 연결하는 방법은 무엇 입니까.**

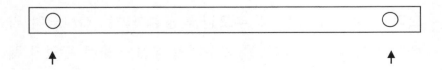

뫼비우스 띠에는. 삼차원 세계와 같은 두께가 없으며 이차원 세계와 같은 평면만 있기 때문에 긴 띠의 양쪽 끝을 서로 곱하기하여 서로 붙이면 양쪽 면에 있는 네 개의 점을 한 번 만에 모두 연결할 수가 있었습니다.

만약에 뫼비우스 띠 위에서 사람이 걸어가고 있다면. 자신도 알지 못하는 순간에 띠의 안쪽을 돌고 있는 자신을 보며 놀라게 되며. 또 어느 순간에는 띠의 밖을 돌고 있는 자신을 보며 놀라게 되지만 자신은 언제나 띠의 밖을 돌고 있었으며 마술사의 속임수에 속고 있었던 것입니다.

왜냐하면. 뫼비우스 띠에는 2차원 세계와 같이 물체의 두께가 없으며 평면만 있으며 안쪽이 없으며 바깥 쪽만 있기 때문에 뫼비우스 띠의 원리로 물 컵을 만들면 물 컵에 물을 담을 수가 없으며 모두 흘러 나오게 됩니다.

그러므로. 세상의 부귀 영화와 권세를 모두 가져도 자신의 것이 아니기 때문에 작은 소자 하나 에게 냉수 한 그릇 줄 수가 있는 마음의 여유가 없으며 가짜이기 때문에 자신은 아무것도 가질 수가 없으며 모든 것을 사탄 마귀에게 모두 빼앗기게 됩니다. (잠 20:10 21:6)

사도 바울과 같이 지혜롭고 많이 배우며 선과 의를 행하기를 힘쓰는 사람도. 사탄의 악한 욕심의 곱하기의 속임수에 속으면 선을 행하는 것 같아도 선을 행하지 못하게 되며 모든 것이 합하여 죄악으로 나타나며 하나님과 부모님이 미워하는 살인자의 죄악을 자신도 알지 못하는 순간에 범하게 되는 사탄의 악한 속임수 입니다. (행 7:51-53)

 그러므로. 하나님과 부모님의 선하시며 기뻐하시며 온전하신 뜻을 분별하기 위하여 예수님처럼 간절히 기도의 씨름을 해야 하며 은을 찾는 것같이 감추인 보물을 찾는 것같이 찾을 수가 있어야 합니다. (잠 2:4-5)

O 부모님의 대선은 대악과 많이 닮아 있었습니다.

 하나님과 부모님께서 우리들의 유익을 위하여 징계와 교훈과 채찍질하기 때문에 죽음의 불 시험이 올지라도 대선으로 생각하며 항상 기뻐하며 쉬지 않고 기도하며 범사에 감사하며 악은 모든 모양 이라도 버리며 오래 참고 멀리 내다보며 오래 기다리며 예수 그리스도의 십자가의 고난에 스스로 참예하는 것같이 생각할 수가 있어야 합니다.

 예수님처럼 귀한 생명을 나에게 선물로 주시며 이름을 지어서 불러주신 하나님과 부모님의 사랑과 은혜를 알지 못한다 할지라도 의심하지 않으며 하나님과 부모님의 사랑과 은혜와 선하신 뜻을 믿으며 33 세의 젊은 나이에도 삼위일체 사랑의 약속을 사랑의 종이 되어서 죽음으로 완성 하면 대악으로 보이던 하나님과 부모님의 뜻이 대선으로 완성 되어 나타나게 되며. 예수님처럼 성결의 영으로서 죽은자 가운데서 무덤에서 부활하여 능력으로 하나님의 아들로 인정되는 자격을. 하나님께 당당하게 선물로 받을 수가 있습니다. (롬 1:4 빌 2:5-8 벧전 4:12-13)

왜냐하면. 하나님과 부모님은 귀한 생명을 나에게 또 다시 선물로 주실 수가 있는 생명의 주인이며. 우리에게 절대로 불의할 수가 없는 나의 친 부모님이기 때문 입니다.

그러므로. 대악으로 보이던 것도 대선으로 합력하여 나타나기 때문에. 삼위일체 가족의 사랑의 약속을 예수님처럼 죽음으로 완성할 수가 있어야 합니다. (롬 8:28)

왜냐하면. 하나님이 그 마음의 뜻을 나타내는 그날에는 징계와 교훈과 채찍과 고난과 불 시험이 모두 합하여 선으로 나타나며 각 사람에게 영광과 찬송과 칭찬이 분명히 있을 것이기 때문 입니다. (고전 4:5 히 12:7-11)

☆ 사탄의 대악은 대선과 많이 닮아 있었습니다.

사탄은 천사의 가면을 쓰고 나타나서. 하나님과 부모님의 동등 됨을 취하며 하나님께로 오는 영광을 구하지 않고 사람 에게 인정과 칭찬을 받으려 하며 지혜롭고 훌륭한 사람이라 칭함을 받으려 하며 사람을 서로 높여주며 칭찬하며 자신의 유익과 배와 영광과 찬송을 먼저 위하며 가짜 공평과 가짜 공의와 가짜 정의와 가짜 사랑을 진짜 사랑이라고 거짓말하며 망령되고 허탄한 사탄의 악한 신화를 하나님의 능력이라고 거짓말하며. 세상의 악한 풍습과 악한 습관을 예술과 전통과 트렌드라 부르며. 죄악을 범하는 것을 하나님의 선한 자유의지라고 거짓말하면. 사탄의 종이 되어서 멸망 당하게 됩니다. (사 5:20-24 **trend)**

세상의 부귀영화와 권세를 우상으로 섬기며 자신의 육신의 악한 욕심대로 관광지와 유원지와 음식점을 찾으며 벌거 벗고 다니며 육신의 악한 정욕과 좋은 고기와 생선과 과일을 구하면 죽게 될 것입니다. (눅 16:15 요 5:44)

하나님의 영으로서 육신의 악한 행실을 반드시 죽이며 오직 경건에 이르는 연습을 기쁨으로 계속해야 합니다.

자신의 육신의 편안과 영광을 위하여 마음에 썩을 것을 심는 자들은 육체로부터 썩을 것을 거두며. 성령을 위하여 마음에 선과 의를 심는 자는 성령으로부터 영생을 거둘 수가 있기 때문 입니다. (롬 8:13 갈 6:7-10)

☆ **하나님과 부모님은 우리의 유익을 위하여 징계와 교훈과 채찍질과 죽음의 불 시험을 하며 사탄은 천사의 가면을 쓰고 달콤한 거짓말을 하고 있었습니다. (히 12:8)**

하나님과 부모님 앞에서. 징계와 교훈과 채찍을 기뻐하며 즐거워하여도 성공하지 못하고 실패할 때도 있으므로 예수님처럼 고난과 고통과 핍박 속에서도. 도리어 기뻐하며 즐거워함으로 하나님과 부모님에게 순종함을 배우며 온전하게 빨리 자랄 수가 있어야 합니다. (히 12:7-8)

 왜냐하면. 믿음 소망 사랑 중에서 제일은 사랑이기 때문에 귀한 생명을 선물로 주시며 이름을 지어서 불러주신 하나님과 부모님의 사랑과 은혜를 믿으며 삼위일체 가족의 사랑의 약속을 사랑의 종이 되어서 예수님처럼 죽음으로 완성할 수가 있도록 하기 위하여. 우리들에게 징계와 고난과 고통과 죽음의 불 시험을 선물로 주시며. 예수님 안에서 내 부모님을 공경하라는 하나님의 약속 있는 복 받는 첫 계명을 직접 선물로 주신 것입니다. (히 12:4-9)

 O 사탄의 거짓말은 바른말처럼 보이며 하나님의 말씀은 거짓말처럼 보이지만 사탄의 바른말은 거짓말로 변하며 하나님의 말씀은 참 말씀으로 변하게 됩니다. (창 3:1-7)

 하나님과 부모님은 고난과 고통과 핍박과 죽음까지 모든 것을 다시 합하여 선함과 의로움으로 만들어 주지만 사탄은 자기 자신을 먼저 위하여 세상 부귀 영화와 권세와 영광과 찬송을 원하기 때문에 모든 것을 다시 합하여 죄악으로 만들었기 때문 입니다. (롬 8:28 빌 3:18-19)

 그러므로. 선하며 의로운 사람들의 말은 가짜라도 진짜로 변하게 됩니다. 하나님과 부모님의 말씀은 나의 유익을 위하기 때문에 독약이라도 보약으로 변하게 되며 거짓말 이라도 진짜 참 말씀으로 변하게 됩니다.

 왜냐하면. 살인 간음 도적질 거짓 증거하며 부모님을 거역하며 이웃에게 악을 행하는 악한 자들의 말은 진짜라도 가짜로 변하게 됩니다. 즉 악한 자가 하는 말은 보약 이라도 독약으로 변하게 됩니다. (요 5:44 8:44)

 왜냐하면. 젖소와 독사가 똑 같은 물을 똑 같이 먹어도 젖소가 물을 먹으면 사람을 살리는 젖이 되며 독사가 물을 먹으면 사람을 죽이는 독으로 변하기 때문 입니다.

 하나님과 부모님의 징계와 교훈과 채찍과 욕함과 저주와 죽음까지도 믿을 수가 없으며 거짓말처럼 보일지라도 귀한 생명을 선물로 주신 하나님과 부모님의 사랑과 은혜를 끝까지 믿으며. 십자가의 죽음의 길을 기쁨으로 걸어갈 수가 있도록 하기 위하여. 예수님 안에서 내 부모님을 공경하라는 하나님의 약속 있는 복 받는 첫 계명을 선물로 주며. 하나님의 영원한 언약의 약속과 영원한 복음을 예수님께서 우리들에게 직접 선물로 주신 것입니다. (계 14:6-13)

10. 대 심판의 수학적 증명의 법칙.

대 심판의 법칙은 무엇이 든지 남에게 대접을 받고자 하는 대로 너희도 남을 대접하라 이것이 율법이요 선지자 니라는 예수님의 황금률의 계명과 아무도 속일 수가 없는 하나님의 선한 자신의 양심의 계명 입니다. (마 7:12)

하나님과 부모님을 공경하며 효도하며 선과 의를 행하기를 힘쓰는 의인은 누구든지 구원을 선물로 받으며. 악한 자와 함께 죄악을 범하는 악한 자들은 구원을 받지 못하며 멸망 당하기 때문에 의인들의 편이 되어서 선과 의를 행하기를 항상 힘써야 합니다. (요 5:14 8:11 롬 8:13)

하나님과 부모님은 우리들의 유익을 위하여서 징계와 교훈과 채찍과 사랑과 은혜의 나누기의 영을 가지고 우리들 앞에 나타나기 때문에. 어리석은 우리들은 자신의 것을 빼앗기지 않으려고 하늘보다 높으며 바다보다 넓은 사랑과 은혜를 믿지 못하고 배반하며 불효 하였습니다.

사탄은 천사들의 가면을 쓰고 욕심의 곱하기의 영을 가지고 우리들 앞에 나타나서 하나님과 부모님을 거역하며 불효하며 시험하면. 하나님과 부모님처럼 될 수가 있으며 세상 에서 성공하며 먼저 높임을 받는다고 하였습니다.

먼저 자신의 배와 유익과 영광과 찬송을 위해 일하면. 세상의 부귀 영화와 권세를 가질 수가 있다고 하면서. 아담과 하와를 악한 거짓말로 속이듯이. 우리들에게 간사한 거짓말을 하였습니다. (창 3:3-6 눅 16:15 빌 3:18-19)

우리들은 하나님의 온전한 의를 알지 못하고 사탄의 악한 거짓말에 속아서 자신의 배와 유익과 영광과 찬송을 먼저 구하며 하나님과 부모님을 거역하며 불효하며 사랑과 은혜의 약속을 배반함으로. 노아의 대홍수 심판과 소돔과 고모라 성과 니느워 성과 하나님의 거룩한 성 예루살렘처럼 멸망 당하게 되었던 것입니다. (롬 10:3)

하나님이 세상을 이처럼 사랑하사 예수님을 우리들의 부모님으로 세상에 보내시며. 십자가에 죽기까지 사랑함은. 우리에게 귀한 생명을 선물로 주시며 이름을 지어서 불러 주신 하늘보다 높으며 바다보다 넓은 사랑과 은혜와 일만 달란트 보다 귀한 사랑과 은혜를 믿으며. 하나님과 부모님을 공경하며 효도하는 자마다 멸망치 않고 영생을 얻으며 성결의 영으로서 죽은 자 가운데서 무덤에서 부활하여 능력으로 당당하게 하나님의 아들로 인정 되는 자격을 선물로 주기 위함 입니다. (요 3:16 롬 1:4 1:17)

☆ 두 사람이 함께 밭에 있으매 하나는 데려감을 당하고 하나는 버려 둠을 당하며 두 여자가 매를 갈고 있으매 하나는 데려감을 당하고 하나는 버려둠을 당하는 이유는 무엇 때

문 입니까. (마 24:40-41 25:40 25:46)

두 사람이 함께 매를 갈고 있으며 밭에 있어도 한 사람은 데려감을 당하고 한 사람은 버려둠을 당하는 이유는. 하나님은 죄인과 함께할 수가 없으며 의인들과 함께 하시는 의인들의 하나님이기 때문 입니다. (겔 14:14 14:20)

의인들은 자신들의 선과 의로 인하여 자신만 구원을 받을 수가 있으며 죄인들은 자신들의 죄악으로 인하여 자신만 구원 받지 못하며 버려둠을 당하며 죽게 되는 것이 하나님의 공평하신 공의의 법칙 입니다. (벧전 4:18)

비록 노아 다니엘 의인 욥 세 사람이 거기에 함께 있을 지라도. 그들은 자신의 선과 의로서 자신의 생명만 겨우 건질 수가 있으며 죄인들의 생명을 건질 수가 없었습니다.

왜냐하면. 예수님이 우리들의 죄악을 사하여 주기 위하여 십자가에서 고난을 당하시며 먼저 돌아 가셨다고 하여도. 예수님이 받아야 할 상급은 예수님이 받으셨으며. 죄인의 죄값은 죄인들이 곱하기 하여 피 값으로 생명 값으로 곱하기하여 갚아야 하기 때문에. 하나님의 거룩한 성 예루살렘 백성들도 자신들의 죄악을 사함 받지 못하였으며 모두 멸망 당하게 되었던 것입니다. (마 23:37-39)

왜냐하면. 사탄의 악한 거짓말에 속아서 악한 죄악을 범하는 자 마다 악한 죄악의 종이 될 것이며 악한 죄악의 종 노릇 하는 악한 자들은 아무도 구원을 선물로 받지 못하고 멸망 당할 것입니다. (요 5:29 롬 6:15-18 갈 5:1)

O 하나님과 부모님 앞에서는 우리들의 생명도 우리들의 것이 아니라 하나님과 부모님의 것입니다.

우리들의 생명과 재물과 재능과 명예와 영광과 권세도 우리들의 것이 아니며 우리들에게 귀한 생명을 선물로 주시며 이름을 지어서 불러 주시며 자라게 하며 키워주신 하나님과 부모님의 것입니다. (롬 14:7-8)

그러므로. 우리들 중에서 누구든지 자신들의 유익을 위하여 사는 자도 없으며 우리들 중에서 누구든지 자신의 유익을 위하여 죽는 자도 없도다. 우리들은 살아도 귀한 생명을 선물로 주신 하나님과 부모님을 위하여 살아야 하며 우리들은 죽어도 귀한 생명을 선물로 주신. 하나님과 부모님의 영광을 위하여 죽을 수가 있어야 합니다. (고전 4:20)

왜냐하면. 우리들은 기억하지 못하고 생각하지 못하고 잊어 버리고 있었지만. 하나님과 부모님은 우리들의 생명을 죽음에서 구원하며 죄악에서 구원하기 위하여. 자신의 생명을 십자가에서 먼저 버리셨기 때문 입니다.

그리고. 우리들은 모두 수미산보다 큰 죄악을 범하였으며. 내가 죄인들의 괴수이기 때문 입니다. (딤전 1:15)

그러므로. 우리들의 생명은 우리들에게 귀한 생명을 선물로 주신 하나님과 부모님의 것입니다. 그러므로 우리가 사나 죽으나 삼위 일체 가족의 사랑의 약속을 죽음으로 완성하기 위하여 예수님처럼 십자가에서 죽을 수가 있어야 또 다시 살수가 있습니다. (롬 1:4 빌 2:5-8)

☆ 심판을 당하는 자들은 누구 입니까. (요 16:7-15)

1. 귀한 생명을 선물로 주시며 이름을 지어서 불러주신 하나님과 부모님을 거역하며 불효하는 것이 죄악이며 영혼 없는 몸이 죽은 것같이 행함이 없는 믿음은 죽은 것이며. 사람이 선과 의를 행할 수가 있을 때에도 선과 의를 행하지 않는 것이 죄악 입니다. (약 2:26 4:17)

2. 자신의 유익과 배와 영광과 찬송을 위해 일하며 뇌물과 공짜와 미끼를 동물들처럼 입으로 받아 먹으며 남에게 빚을 지며. 살인 간음 도적질 거짓 증거하며 부모님을 거역하며 불효하며 이웃에게 악을 행하는 것이 죄악 입니다.

3. 아비에게 말하기를 네가 무엇 하려고 세상에 태어났느냐. 어미에게 묻기를 네가 무엇 하려고 나를 잉태하여 나를 낳았느냐 하며 하나님과 부모님을 거역하며 불효 하는 자들은 악한 죄인 입니다. (사 45:9-10 딤전 5:4 5:8)

☆ 의로운 의인들은 누구 입니까. (요 16:7-15)

1. 귀한 생명을 선물로 주시며 이름을 지어서 불러주신 하나님과 부모님의 사랑과 은혜를 잊지 않으며 공경하며 효도하며 오래 참고 멀리 내다 보며 오래 기다리며 항상 기뻐하며 쉬지 않고 기도하며 범사에 감사하며 악은 모든 모양이 라도 버리는 것이 하나님의 의 입니다. (살전 5:16-22)

2. 세상의 악한 풍습과 악한 습관을. 자신의 배설물처럼 깨끗하게 버리며 육신의 악한 욕심을 죽이며. 영으로써 몸의 악한 행실을 죽이며 미움 원망 욕심 욕함 거짓 싸움의 독사의 독이 가득 들어있는 죄악의 열매를 입으로 받아 먹지 않으며. 삼위일체 가족의 사랑의 약속을 예수님처럼 죽음으로 완성하기 위하여 고난과 핍박과 고통도 함께 받는 것이 하나님이 기뻐하는 의 입니다. (롬 8:12-17)

3. 자신의 옛 죄악을 눈물로 완전히 회개하며 하나님과 부모님의 아들이라 칭함을 감당치 못하겠으니 종이라 하옵소서 하면서. 정말 참 사랑의 종이 되어서 영광과 찬송과 경배를 드리며 그 이름을 영화롭게 하며. 삼위일체 가족의 사랑의 약속을 예수님처럼 죽음으로 먼저 완성하는 것이 하나님께서 기뻐하시는 의 입니다. (빌 2:5-8)

☆ 진노의 심판을 받는 자는 누구 입니까. (요 2:16-17)

 하나님의 생명의 말씀을 반대로 가르치며 하나님의 선한 자신의 양심을 속이며 거짓말하며 자신의 배와 유익과 영광과 찬송을 위하여 세상의 부귀 영화와 권세를 우상으로 섬기며. 하나님과 부모님의 영광과 찬송과 보물과 축복과 영생을 도둑질 하며 신령과 진정으로 예배하는. 하나님의 거룩한 집을 장사하는 집과 강도의 소굴로 만들며 하나님의 말씀을 거짓말로 증거하며. 사람들 앞에서 높임을 받는 자들은 하나님 앞에서 미움을 받으며 멸망을 당하게 될 것 입니다. (마 15:3-9 눅 16:15 요 5:41-44)

☆ 공의에 대한 심판의 수학적 증명의 법칙.

 모든 민족들을 그 앞에 모으고 각각 분별 하기를 목자가 양과 염소를 분별 하는 것같이 양은 그 오른 쪽에 염소는 그 왼편에 두리라. 그때에 임금이 그 오른쪽에 있는 자들에게 내 아버지께 복을 받을 자들아 나아와서 창세로부터 너희를 위하여 예비된 나라를 상속하라 내가 주릴 때에 먹을 것을 주었고 목마를 때에 마시게 하였고 나그네 되었을 때에 영접 하였느니라. (마 16:19 25:31-46)
 이에 의인들이 대답하여 가로되 주여 우리가 어느 때에

주의 주리신 것이나 목마른 것이나 나그네 된 것을 보고 공궤 하였나이까. 임금이 대답하여 가라사대 내가 진실로 너희에게 이르노니 너희가 여기 있는 내 형제 중에 지극히 작은 자 하나 에게 한 것이 곧 내게 한 것이니라 하시니라.

하나님과 부모님은 하늘보다 높으며 바다보다 넓은 귀한 생명을 선물로 주시며 이름을 지어서 불러 주신 사랑과 은혜의 값을 원하고 있는 것이 아닙니다.
사람들의 눈에 보이는 내 부모님을 공경하며 효도하며 땀 흘리며 열심히 일하기를 기뻐하며. 가난하고 불쌍한 사람들에게 먹을 것과 입을 것을 나누어 주며 남에게 빚을 지지 않으며. 살인 간음 도적질 거짓 증거하지 않으며 내 이웃에게 죄악을 행하지 않으며 또 자신을 지켜서 세속의 악한 풍습에 물들지 않는 것입니다. (롬 13:8-10 약 1:27)

O 예수님의 사랑의 나누기의 증명의 법칙.

양의 편에 서 있는 사람들에게 예수님의 사랑의 나누기와 심판자의 영 (0) 으로 계산 합니다. (마 16:19 요일 4:7-21)
30 의   상이 있을 때   = 30 ÷ 0 = 30 입니다.
60 의   상이 있을 때   = 60 ÷ 0 = 60 입니다.
100 의   상이 있을 때   = 100 ÷ 0 = 100 입니다.

예수님의 사랑의 나누기의 법칙은 작아지는 사랑의 나누기의 법칙이 아니라. 30 배 60 배 100 배로 곱하여서 다시 돌려 주시는 하나님과 부모님의 사랑과 은혜의 나누기의 법칙 입니다. 삼위일체 가족의 사랑의 약속을 믿으며 부모님의 생명의 말씀에 기쁨으로 순종하면 자기 밭과 옥토에 씨를 뿌리며 열심히 기쁨으로 일한 것이기 때문에 하나도 잃어 버리지 않고 30 배 60 배 100 배의 아름다운 열매를 기쁨으로 거둘 수가 있습니다. (마 13:24 13:31)

☆ 삼위일체 가족의 사랑의 약속은 불타지 않습니다.

하나님이 직접 짝지어서 축복하신 삼위일체 가족의 사랑의 약속은 환경과 입장과 조건의 변화 속에도 불타지 않는 영원한 삼위일체 가족의 사랑의 약속이며 아버지의 선하신 뜻을 알지 못한다 할지라도. 아버지의 선하신 뜻을 믿으며 삼위일체 가족의 사랑의 약속을 사랑의 종이 되어서 죽음으로 먼저 완성할 수가 있는 특별한 삼위일체 가족의 유일한 사랑의 약속이기 때문에 하나님은 처음부터 삼위일체 사랑의 가정을 만들어서 짝지어 축복하여 주시며 기뻐 하였던 것입니다. (창 2:17-18 고전 7:2-4)

왜냐하면. 하나님의 특별한 삼위일체 가족의 사랑의 사랑의 약속은 불로 연단하여도 없어질 금보다 더욱 귀하며 사탄의 불 시험 속에도 불타지 않으며 언제까지 든지 땅에 떨어지지 않으며 영원하며 다윗에게 허락한 영원한 약속 이기 때문에 예수 그리스도께서 나타나실 때에는 영광과 칭찬과 존귀함을 얻게 됩니다. (벧전 1:3-7 4:12-13)

☆ 공의에 대한 심판의 수학적 증명의 법칙.

또 왼편에 있는 자에게 저주를 받을 자들아 나를 떠나 그 사자를 위하여 예비된 영영한 불에 들어가라 내가 주릴 때에 먹을 것을 주지 않았고 병 들었을 때에 돌아보지 않았고 목 마를 때에 마시게 하지 아니 하였느니라.

저희가 대답하여 가로되 주여 우리가 어느 때에 주의 주리신 것이나 병든 것이나 목마를 때에 마시게 하지 아니 하였나이까. 이에 임금이 대답하여 가라사대 내가 진실로 너희에게 이르노니 여기 있는 지극히 작은 자 하나에게 하지 아니한 것이 곧 내게 하지 아니한 것이라 저희는 영벌에 들어가며 의인들은 영생에 들어 가리라.

하나님은 하나님 자신을 먼저 위하는 하나님이 아닙니다. 가난하며 불쌍한 사람들을 먼저 위하시는 사랑과 은혜의 하나님이며 고아와 과부들을 먼저 위하시는 공평하신 공의에 하나님 입니다. (마 25:41-46 약 1:27)

그러므로. 사람들의 눈에 보이는 사람에게 먼저 선과 의를 행하는 것이 곧 하나님에게 선과 의를 행하는 것과 같으며 사람들의 눈에 보이는 사람에게 죄악을 행하는 것이 곧 사람의 눈에 보이지 않는 하나님께 죄악을 범하는 것과 같다고 말씀 하였습니다. (딤후 4:3-8 요일 4:20-21)

그러므로. 살인 간음 도적질 거짓증거 하지 않으며 부모님을 공경하며 이웃에게 악을 행하지 않으며 선과 의를 행하기를 항상 힘써야 합니다. (롬 13:8-10)

왜냐하면. 형제 사랑 하기를 계속하며 손님 대접 하기를 잊지 않으며 선을 행하면 아브라함과 롯처럼 자신도 알지 못하는 순간에 하늘의 천사들을 대접할 수가 있으며 축복을 받기 때문 입니다. (창 18:1-5 히 13:1-2)

☆ 하나님은 하늘에 올라 가라 바다를 건너 오너라 하시는 하나님이 아닙니다 우리들이 넉넉하게 할 수가 있는 것을 행하라고 말씀 하였습니다. (신 30:11-14 마 11:30)

하나님은 무엇보다 존귀하게 창조된 하나님과 부모님의 아들이 멸망하는 악한 짐승들과 같이 남에게 빚을 지며 살인 간음 도적질 거짓 증거하며 부모님을 거역하며 이웃 에게 악을 행하는 것을 원하지 않으며 선과 의를 행하기를 원하고 있었습니다. (전 7:29 롬 13:8-10)

하나님을 믿으며 예수님의 이름을 부르는 사람들은 부모님이 주리신 것이나 병든 것이나 목마른 것이나 힘들고 어려운 일을 당하기 전에 먼저 귀한 생명을 선물로 주시며 이름을 지어서 불러주신 부모님을 먼저 돌아볼 수가 있어야 합니다. (빌 3:18-19 딤전 5:4 5:8)

왜냐하면. 자신의 배와 유익과 영광과 찬송을 위하여 세상의 악한 풍습과 악한 습관을 기뻐하며 음탕한 음욕에 빠지면 사람보다 동물을 먼저 사랑하며 벌거벗고 다니며 유원지와 관광지를 먼저 찾으면 거짓말하는 자요. 믿음을 배반한 자요 불신자 보다 더 악한 자요. 하나님의 이름을 망령되게 부르는 자요 악한 동물과 악한 짐승보다 더 악하기 때문 입니다. (마 23:33 눅 16:15 요 5:41-44)

☆ 사탄의 욕심의 곱하기의 증명의 법칙.

염소의 편에 서 있는 사람들에게 사탄의 욕심의 곱하기와 심판자의 영(0) 으로 계산 합니다. (마 16:19 약 2:26 4:17)

30 의　상이 있을 때　≠　30 X 0 = 0 입니다.

60 의　상이 있을 때　≠　60 X 0 = 0 입니다.

100 의　상이 있을 때　≠　100 X 0 = 0 입니다.

사탄의 욕심의 곱하기의 법칙은 언제나 항상 커지는 욕심의 곱하기의 법칙이 아닙니다. 언제든지 마음대로 영 0 으로 만들 수가 있는. 사탄의 악한 욕심의 곱하기의 속임수의 가짜 법칙 입니다. (렘 2:13)

삼위일체 가족의 사랑의 약속을 배반하고 불효하며 악한 세상의 부귀 영화와 권세를 위하여 악한 삯꾼과 도적과 늑대와 이리의 가짜 약속을 믿는 자들은 악한 자이며 어리석은 자들 입니다. (마 3:7 23:33 요 10:8-12)

왜냐하면. 악을 선하다 하며 선을 악하다 하며 악을 행하며 흑 암으로 광명을 삼으며 광명으로 흑 암을 삼으며 쓴 것으로 단것을 삼으며 단것으로 쓴 것을 삼으며 거짓말 하며 포도주를 마시기에 용감하며 독주를 만들며 뇌물로 인하여 악한 자를 의롭다 하며 의인에게 그 의를 빼앗았기 때문에 모두 빼앗기게 되며 불타서 없어지게 되며 심판을 당하게 되는 것은 당연한 결과 입니다. (사 5:20-24)

☆ 만일 누구든지 금이나 은이나 보석이나 풀이나 짚으로 이 터 위에 세우면 각각 공력이 나타날 터인데 그 날의 공력을 밝히리니 이는 불로 나타 내며 그 불은 각 사람의 공력이 어떠한 것인지 의인 욥을 시험 하듯이 불 시험과 고난과 핍박을 당할 것입니다. (욥 1:21-22 시 34:19)

만일 누구든지 그 위에 세운 공력이 그대로 있으면 하나님께 상을 받을 것이며 누구든지 그 공력이 불타서 없어

지게 되면 화를 당하게 될 것입니다. (고전 3:12-15)

 자신의 공력이 불에 타서 없어지는 이유는 하나님과 부모님의 온전하신 의를 알지 못하고 사탄의 악한 거짓말에 속아서 하나님과 부모님의 사랑과 은혜를 배반하며 무엇을 먼저 맡겨 놓은 것처럼 맛있는 음식과 고기와 생선과 정욕에 좋은 것을 구하며 자신의 배와 영광과 찬송을 위하여 해외 여행과 유명 음식점과 관광지와 유원지를 찾으며 출애굽 백성들처럼 악한 자의 악한 꾀를 배우면 모든 것이 불타서 없어지게 됩니다. (잠 4:2-7 6:6-11 전 7:29)

 사두개인과 바리새인처럼 악한 자들의 악한 거짓말에 속아서 자신의 죄악과 하나님의 온전하신 의를 알지 못하고 부모님을 거역하며 불효하면 성공하며 승리한 것 같아도 새 생명을 선물로 받지 못하며 모든 것을 빼앗기며 불타서 없어지게 됩니다. (눅 16:15 롬 10:3 빌 3:18-19)

 예수님의 사랑의 나누기의 법칙은 귀한 생명을 선물로 주시며 이름을 지어서 불러주신 하나님과 부모님의 특별한 삼위일체 가족의 사랑의 약속이기 때문에 환경과 입장과 조건의 변화 속에도 변하지 않으며. 사탄의 죽음의 불 시험 속에서 불타지 않으며 그대로 있기 때문에 하나님 아버지 앞에서 하나도 잃어 버리지 않으며 분명하게 상을 받을 수가 있었습니다. (고전 13:8 벧전 1:7 요일 4:18)

☆ 독사의 새끼들은 지옥의 판결을 피할 수가 없습니다.

 예수님과 세례 요한은 뱀들아 독사의 새끼들아 너희들이 어떻게 무서운 지옥의 판결을 피하려 하느냐 하며 안타 까워 하며 눈물을 흘리고 있었습니다. (마 3:7 23:33)
 하나님 지옥의 판결을 피하려면 자신의 마음속 깊은 곳에 숨어 살고 있는 사탄의 권세를 무서워하지 않으며 마음을 다하여 목숨을 다하여 뜻을 다하여 사탄 마귀와 피 흘리기 까지 싸워서 이기며 승리해야 합니다. (계 21:7-8)
 왜냐하면. 하나님의 무서운 지옥의 판결과 진노의 심판은 사람이 무서워하며 두려워함으로 피한다고 피할 수가 있는 것이 아니라. 사탄 마귀와 피 흘리기 까지 싸워서 이기며 승리해야 하기 때문 입니다. (마 11:12-13 22:37-40)
 왜냐하면. 마음이 청결하며 깨끗한 사람들과 선과 의를 행하기를 기뻐하는 의인들이 하나님과 부모님의 얼굴을 볼수가 있으며 악한 죄인들은 하나님과 부모님의 얼굴을 보아도 알아볼 수가 없으며 지옥의 판결을 절대로 피할 수가 없기 때문 입니다. (마 5:8 요삼 1:11 롬 6:23)
 지옥의 판결을 피하려면 하나님과 부모님 앞에서 자신의 죄악을 눈물로 완전히 회개하며 아들이라 칭함을 감당치 못하겠으니 종이라 하옵소서 하며 정말 사랑의 종이 되어서 하나님과 부모님을 공경하며 효도함으로 하나님과 부모님의 얼굴을 항상 볼 수가 있어야 합니다.

☆ 하나님과 부모님의 원수로 행하고 있었습니다.

예수님은 예물을 제단에 드리다가 부모님과 형제에게 원망 들을 만한 일이 있는 줄 생각 나거든. 예물을 제단 앞에 두고 먼저 가서 부모님과 형제와 화목하고 그 후에 와서 예물을 드리라 하였는데 하나님의 선하시며 기뻐하시며 온전하신 의로움을 알지 못하고 신령과 진정으로 예배하는 하나님의 집을 장사하는 집과 강도의 소굴로 만들며 거룩한 성전에서 경건의 가면을 쓰고 거짓으로 행하고 있었던 것입니다. (마 5:23-26 눅 16:15 롬 10:3 12:2 빌 3:18-19)

O 이 백성들이 마음이 완악하여 져서 그 귀는 듣기에 둔하고 눈은 감았으니 이는 눈으로 보고 귀로 듣고 마음으로 깨달아 돌이켜 내게 고침을 받을까 두려워 함이라.

(마 13:14-15)

짐승과 같이 어리석은 자와 마음이 깨끗하지 못한 자와 악을 행하는 자들은 의로운 짐승에게 물어보며 공중의 새에게 물어보며 바다의 물고기에게 물어보며 땅에게 말하면 그것들이 너희에게 가르치며 하나님의 선과 의에 대하여 자세하게 설명할 것입니다. (욥 12:7-8 단 12:10 마 5:20)

마음이 깨끗한 사람과 선과 의를 행하기를 기뻐하는 의인들은 하나님과 부모님의 얼굴을 항상 볼 수가 있기 때문에 사람이 가르쳐 주지 않아도 먼저 알 수가 있었습니다.

하나님과 부모님의 사랑과 은혜를 배반하며 거역하며 불효하며 이웃에게 악을 행하며 자신의 이웃은 미워하며 죄인을 먼저 사랑하며 사람은 미워하며 악한 짐승과 동물을 먼저 사랑하면 믿음을 배반한 자요 불신자 보다 더 악한 자요 하나님의 이름을 망령되게 부르는 자이기 때문에 하나님과 부모님의 얼굴을 눈으로 보아도 알아 볼 수가 없으며 화를 당하게 될 것입니다. (마 15:3-9 요 2:16-17)

그러므로. 살인 폭력 방화 간음 도적질 거짓 증거하며 부모님을 거역하며 이웃에게 악을 행하면 예수님을 믿는다고 하여도. 그 귀로 듣고 눈으로 보며 마음으로 깨달아 고침을 받을 까봐 두려워하면 하나님의 거룩한 성 예루살렘 백성들처럼 멸망 당하게 될 것입니다. (계 21:8)

11. 10÷3 의 하나님의 사랑과 은혜의 비밀.

요한 계시록의 비밀은 하나님이 우리들의 죄악을 잊어 버리지 않고 모두 기억할 것이기 때문에 사탄의 악한 세가지 죄악의 시험에서 이기며 승리하지 못하면 지옥 불에 들어가게 된다는 것입니다. (계 18:5)

 일곱 별과 일곱 금 촛대의 비밀은 너에게 책망할 것이 있으니 너는 처음 사랑의 약속을 잊어 버렸느니라 너는 누구에게 귀한 생명을 선물로 받았으며 이름을 지어서 불러 주었는지 생각하며 삼위일체 가족의 사랑의 약속을 죽음 으로 먼저 완성하라 그렇지 않으면 너희 촛대를 옮기리라고 에베소 교회에 경고 하였습니다. (창 3:12 계 2:4-5)
 사탄의 악한 거짓말에 속아서 하나님과 부모님의 온전 하신 선과 의를 알지 못하고 독사의 독이 가득 들어 있는 미움 원망 욕심 욕함 거짓 싸움의 죄악의 열매를 입으로 계속 받아 먹으며. 삼위일체 사랑의 가정을 완성하지 못하고 서로 불화하며 싸우면. 예수님처럼 사탄의 세가지 악한 죄악의 시험을 이기며 승리하지 못하면. 생명 나무의 열매를 먹지 못하며 둘째 사망의 재앙을 당하게 될 것이 분명하기 때문 입니다. (롬 10:3 빌 3:18-19 계 21:7-8)
 사탄의 세가지 악한 죄악의 시험과 싸워서 이기며 승리

하면 사탄의 사망 권세를 이기며 승리할 수가 있으며 둘 째 사망의 재앙을 받지 않으며 하나님의 생명 나무의 열매를 받아 먹으며. 예수님의 보좌에 함께 앉게 하여 주기를 예수님이 싸워서 이기고 승리함으로 하나님의 보좌에 함께 앉은 것같이 할 것이며 빛나는 흰 옷을 입을 것이요 하나님의 생명 책에 우리들의 이름이 하나도 흐리지 않으며 기록 될 것입니다. (계 20:15 21:7-8 21:27)

o 하나님과 부모님은 우리에게 귀한 생명을 주시며 이름을 지어서 불러 주신 생명의 주인이 였으나 영광의 보좌를 버리고 아름다운 모양도 버리고 흠모할 풍체와 권세도 버리고 힘들고 어려운 육체의 고난과 고통의 시간을 우리들을 위하여 참고 견디어 오셨습니다. (사 53:1-7)

 하나님과 부모님은 안식일도 없으며 쉬는 날도 없이 먼저 사랑의 종이 되어서 광야와 같은 세상에서 멸시와 천대와 핍박을 받으며 힘들고 어려운 육체의 고난과 고통의 시간 속에서 우리들 보다 더 많은 고통과 괴로움을 당하며 십자가의 고난의 길을 조용히 참으며 우리들을 위하여 수많은 시간을 오래 동안 묵묵히 걸어 오셨습니다. (요 5:17-18) 그러므로. 장성한 사람들이 빨리 되어서 예수님과 부모님이 우리들을 위하여 묵묵히 지고 가시는 사랑의 십자가를.

불효자 시몬처럼 자신의 옛 죄악을 눈물로 완전히 회개하며 사랑의 종이 되어서 부모님이 지신 사랑의 십자가를 내가 대신 지고 걸어갈 수가 있어야 합니다.

왜냐하면. 춥고 주리며 헐 벗는 육체의 고난과 고통과 핍박을 이기지 못하는 사람들은 온전하게 바르게 자랄 수가 없으며. 사망에서 생명을 구원하는 온전한 지식과 지혜와 총명함을 배우지 못함으로. 사탄의 악한 거짓말에 속아서 하나님의 거룩함과 정절의 약속과 비둘기의 순결함을 지키지 못하고 사람들의 간사한 거짓말과 사탄의 악한 거짓말에 속아서 죄악을 범하기 때문 입니다. (시 119:67-71)

☆ **내가 율법이나 선지자나 폐하려 온 줄로 생각지 말라 폐하려 온 것이 아니요 완전케 하려 함이라 내가 진실로 너희에게 이르노니 천지가 없어지기 전에는 율법의 일 점 일 획 이라도 없어지지 않고 다 이루리라. (마 5:17-18)**

예수님처럼. 율법을 폐하면서 폐하지 않으며 온전히 완성하는 방법은 무엇 입니까. 자신을 온전히 버리며 부모님의 삼위일체 가족의 사랑의 약속을 먼저 죽음으로 완성함으로 율법의 일 점 일 획 이라도 없어지지 않고 모두 완성할 수가 있게 되었습니다. (롬 1:4 빌 2:5-8)

사탄은 말하기를 사람들의 마음은 심히 악하기 때문에.

사람의 눈에 보이지 않는 하나님을 사랑할 수가 없음으로 사탄은 모세의 십계명을 어떤 사람들도 완성할 수가 없는 철옹성과 같은 무적의 계명이라고 사탄은 스스로 자랑 하였던 것입니다. (잠 26:25 렘 17:19)

그러나. 예수님이 십자가에서 돌아 가심으로 사탄이 자랑 하는 모세의 십계명은 완전하게 폐하여 졌으며. 예수님의 유언의 약속으로 첫 계명의 자리에 내 부모님을 공경하라는 하나님의 약속 있는 복 받는 첫 계명을 하나님이 직접 우리들에게 선물로 주었습니다. (엡 6:1-3)

왜냐하면. 사람들은 눈에 보이지 않는 하나님을 사랑할 수가 없음으로 사람들의 눈에 보이는 자신의 부모님을 먼저 공경하라고 예수님이 직접 하나님의 약속 있는 복 받는 첫 계명을 선물로 주었기 때문 입니다. (요일 4:20-21)

왜냐하면. 믿음은 바라는 것들의 실상이요 보지 못하는 것들의 믿음의 증거를 따라 눈에 보이는 부모님을 하나님 처럼 먼저 사랑함으로 눈에 보이지 않는 하나님을 사랑하는 믿음의 증거로 믿음의 선진들이 확실한 증거를 하나님께 이미 얻었기 때문 입니다. (히 11:1-2)

왜냐하면. 우리들이 살고 있는 땅에서 무엇이 든지 먼저 매면 하늘에도 매이며 우리들이 살고 있는 땅에서 무엇이 든지 먼저 풀면 하늘에도 풀리는. 리모트 컨트롤과 같은 땅에서 열리는 천국의 열쇠를. 예수님이 직접 우리들에게

선물로 주었기 때문 입니다. (마 16:19 18:18)

그러므로. 귀한 생명을 선물로 주시며 이름을 지어서 불러 주신 자신의 부모님을 먼저 공경하며 효도함으로 사람들의 눈에 보이지 않는 하늘에 계신 하나님을 사랑하는 확실한 믿음의 증거로 삼아서 예수님이 폐하신 율법을 폐하지 않으며 우리들도 예수님처럼 율법의 일 점 일 획 이라도 없어지지 않고 완전하게 완성할 수가 있어야 합니다.

왜냐하면. 예수님이 모세의 십계명의 첫 계명을 온전하게 완전하게 폐하며 다시 완성하는 하나님의 놀라운 사랑과 은혜의 비밀을. 사탄과 세상의 관원들이 만일 알았더라면 영광의 예수님을 무고하게 이단자로 정죄하여 십자가에 못 박아서 죽이지 못하였을 것입니다. (고전 2:6-8)

☆ 누구든지 자기 친족 특히 자기 가족을 돌아보지 않으면 거짓말 하는 자요 믿음을 배반한 자요 불신자 보다 더 악한 자요 하나님의 이름을 망령되게 부르는 자이기 때문에 집에서 부모님을 공경하며 효도하는 방법을 먼저 가르쳐야 합니다. (출 20:7 딤전 5:4 5:8 요일 4:20-21)

왜냐하면. 눈에 보이는 부모님을 먼저 사랑하지 않는 자는 눈에 보이지 않는 하나님을 사랑할 수가 없기 때문 입니다. 누구든지 하나님을 사랑하노라 하면서 사람들의 눈에 보이는 자신의 부모님을 먼저 사랑하지 않으면 이는 거짓말 하는 자요 믿음을 배반한 자요 불신자 보다 더 악한 자요 하나님의 이름을 망령되게 부르는 악한 자 입니다.

 그러므로. 하나님을 사랑하는 자는 사람들의 눈에 보이는 부모님을 먼저 사랑 하라는 계명을 예수님이 직접 우리들 에게 선물로 주시며 땅에서 열리는 천국의 열쇠를 선물로 주시며 하나님의 약속 있는 복 받는 첫 계명을 직접 선물로 주었던 것입니다. (마 16:19 18:18)

 왜냐하면. 부모님은 삼위일체 사랑의 가정의 가장이요 하 나님의 대리자요 왕 같은 제사장이요 거룩한 작은 나라요 그의 택하신 백성이요 어두운 죄 가운데 있는 자녀들을 어 두운 죄악 가운데서 불러내며 하나님의 기이한 빛 가운데 들어가게 하신 예수님의 아름다운 덕을 선전해야 할 막중 한 책임이. 우리들의 부모님에게 있었기 때문에 부모님을 먼저 공경해야 합니다. (벧전 2:9)

☆ 땅에 있는 자를 아비라 하지 말라 너희 아버지는 하나 이시니 곧 하늘에 계신 자니라 또한 너희 지도자는 하나 이니 곧 예수 그리스도 시라 하였습니다. (마 23:8-10)

 귀한 생명을 선물로 주시며 이름을 지어서 불러주신 하나 님과 부모님 외에는 어떤 사람도 아버지와 아비와 선생과 지도자가 될 수가 없었습니다. 왜냐하면 우리들의 지도자는 하나 이니 곧 예수 그리스도이며 우리들은 모두 형제와 자매이며 랍비라 선생이라 칭함을 받을 수가 없는 연약한 사람이며 범죄한 사람이기 때문에 하나님의 사람이 될 수가 있는 자격이 우리에게는 없었던 것입니다. (롬 3:9-18)

그러나. 나에게 귀한 생명을 선물로 주시며 이름을 지어서 불러주신 나의 부모님은 자격이 없더라도 의인 노아의 아들 셈과 야벳처럼 부모님의 죄와 허물을 보지 않으며 조용히 덮어주며 공경하며 효도해야 합니다.

왜냐하면. 하나님께서 귀한 생명을 선물로 주시며 이름을 지어서 불러주신 우리들의 부모님에게 하나님의 제사장의 직분을 먼저 주셨기 때문입니다. (벧전 2:9)

그러므로. 하나님의 말씀을 전파하는 사도 바울을 사람들이 높여서 받들며 하나님이 보낸 신이라 부르며 바울을 높이며 섬기려 하자. 바울은 황급하게 옷을 찢어서 자신의 몸을 보여주며 바울도 너희와 똑 같은 육신을 가진 연약한 사람 이며 범죄한 사람이기 때문에 같은 육신을 가진 사람을 우상으로 섬기는 악한 죄악을 절대로 범하지 말라고 권고하며. 홍익 인간과 경천 애인의 계명 전하며 스스로 사랑의 종이 되어서. 연약한 사람들을 섬기기를 기뻐하며 하나님과 부모님을 먼저 공경하며 효도하며 그 이름을 영화롭게 하라고 하였습니다. (행 14:8-15 롬 13:8-10 고전 3:7-9)

☆ **내가 온 것은 사람이 아비와 딸이 어미와 며느리가 시어미와 불화하게 하려 함이니. 사람들의 원수는 한 집안의 식구들 이니라. 하였습니다. (마 5:43-44 10:34-37)**

우리들의 원수는 나와 가장 가까이에 함께 살고 있는 사랑하는 사람들이며 나의 가족들 입니다. 천사와 같은 자녀들이 자라면서 점점 원수가 되며 사랑하는 남편과 아내가 점점 원수로 변하며 진정으로 믿었던 친구들이 진짜 원수로 변하게 됩니다. (마 12:25-26)

왜냐하면. 악한 사탄 마귀는 우는 사자같이 두루 다니며 우리들의 마음 속에 들어와서 더럽고 추악한 가짜 사랑을 진짜 사랑이라 부르며 독사의 독이 가득 들어 있는 미움 원망 욕심 욕함 거짓 싸움의 죄악의 열매를 입으로 받아 먹으라고 악한 거짓말을 계속하고 있었기 때문 입니다.

옛 뱀이 악하게 만들어 놓은 원수와 같은 더럽고 추악한 가짜 사랑을 버리고 하나님과 부모님의 사랑과 은혜를 자신의 마음으로 먼저 믿음으로 참 사랑의 관계로 빨리 회복함으로 사탄의 악한 죄악의 시험에서 먼저 이기며 승리할 수가 있어야 합니다. (롬 1:17 벧전 5:8-9)

왜냐하면. 삼위일체 사랑의 가족들은 진짜 원수가 아닙니다. 악한 옛 뱀이 미움 원망 욕심 욕함 거짓 싸움의 독사의 독이 가득 들어 있는 죄악의 열매를 입으로 계속하여 받아 먹게 함으로 사탄이 악하게 만들어 놓은 가짜 원수이기 때문에 원수와 같이 생각하지 않으며 압복강 가의 야곱처럼 삼위일체 사랑의 가정을 완성하기 위하여. 하나님의 전신갑주를 입고 기도의 씨름을 해야 합니다. (창 32:24-32)

삼위일체 사랑의 가정을 완성하여 삼위일체 가족의 사랑의 약속을 예수님처럼 죽음으로 먼저 완성함으로 하늘에 계신 우리 아버지의 아들이 되는 자격을. 하나님께 능력으로 당당하게 인정 받을 수가 있어야 합니다. (창 33:1-11)

삼위일체 사랑의 가족들은 피와 살과 뼈로 맺어진 삼위 일체 사랑의 가족이며 하나님이 짝지어 축복하며 기뻐하신 삼위 일체 사랑의 약속의 관계이기 때문에 삼위일체 가족의 사랑의 약속을 예수님처럼 반드시 죽음으로 먼저 완성할 수가 있어야 합니다. (창 2:17-18 2:20-23 엡 5:28)

O 하나님이 선악을 알게 하는 나무의 실과를 먹으면 죽으리라 하시면서 곧 삼위일체 사랑의 가정을 만들어 주신 이유는 무엇 때문 입니까. (창 2:17-18)

하나님이 처음부터 짝지어서 축복하여 주시며 좋았다고 말씀하신 삼위일체 가족의 사랑의 약속은 두 사람이 한 사람보다 나음은. 저희들이 수고함으로 좋은 상을 얻을 것이며 혹시 하나가 넘어지면 하나가 붙들어 일으키며 홀로 있어

넘어지면 붙들어 일으킬 사람이 없으면 화를 당하게 되며 한 사람이면 패할 수가 있지만 두 사람이면 능히 당할 수가 있으며 세 사람이면 반드시 이기며 승리할 수가 있기 때문에. 하나님은 삼위일체 사랑의 가정을 만들어 짝지어 축복하여 주었습니다. (전 4:9-12 마 12:25 벧전 3:7)

삼위일체 가족의 사랑의 약속은. 하나님께 생명의 은혜를 유업으로 함께 받을 수가 있는. 삼위 일체 가족의 특별한 사랑의 약속이며 하나님과 사랑하는 아내의 무한대의 사랑과 도움을 받을 수가 있는. 하나님의 축복과 기도의 통로가 되기 때문에. 하나님과 부모님은 삼위일체 사랑의 가정을 만들어 축복하여 주신 것입니다. (시 121:1-8)

왜냐하면. 아무리 악한 자라도 자신의 자녀들 에게는 악을 행하지 않으며 선과 의를 행하기를 기뻐하기 때문에 자신의 의로운 자녀들로 인하여 자신의 죄악을 눈물로 완전히 회개하며 의인이 될 수가 있으며. 아무리 불효하는 자녀들도 자신의 부모님은 공경하기 때문에. 자신의 의로운 부모님으로 인하여 돌아온 탕자처럼. 자신의 옛 죄악을 눈물로 완전히 회개하며 참 사랑의 종이 되어서 공경하며 효도함으로 의로운 사람이 될 수가 있기 때문 입니다.

삼위일체 가족의 사랑의 약속을 죽음으로 완성하면 자신의 많은 죄악을 사함 받게 되며 사탄의 악한 죄악의 시험에서 승리하며 예수님과 모세처럼 죽어도 영광의 몸으로 홀연히 변화하여 천국에서 영원히 행복하게 살 수가 있기 때문에 하나님과 부모님은 삼위일체 사랑의 가정을 만들어 짝지어 축복하여 주시며 좋았다고 말씀 하였던 것입니다.

그러므로. 삼위일체 사랑의 가정들이 갈라질 찌라도 다시 화합하며 삼위일체 사랑의 가정을 다시 완성하여 삼위일체 가족의 사랑의 약속을. 예수님처럼 죽음으로 완성해야 할 특별한 책임과 의무와 사명이 우리들 모두에게 분명하게 있었던 것입니다. (마 19:6-8 고전 7:8-11)

O 하나님과 부모님 앞에서 노하기를 더디 하는 자는 용사 보다 낫고 자신의 마음을 다스리는 자는 적의 성을 쳐 빼앗는 용사 보다 나으니라. (잠 16:32)

하나님과 부모님 앞에서 노하기를 더디 하면 자신의 눈이 밝아지며 하나님과 부모님의 얼굴을 자신의 눈으로 볼 수가 있으며 징계와 교훈과 채찍 속에서 온전하게 자라며 적의 성을 쳐 빼앗는 용사 보다 나으며 하나님과 부모님의 무한대의 사랑과 은혜의 축복을 받을 수가 있습니다.

왜냐하면. 우리들의 적과 원수는 외부에 있지 않으며 자신의 내부에 숨어서 살고 있는 자기 자신이 자신의 적이며 내가 반드시 싸워서 이겨야 할 원수 사탄 마귀이기 때문에 먼저 하나님의 전신 갑주를 입고 자신의 마음을 스스로

다스리며 제어할 수가 있어야 합니다. (엡 6:10-17)

왜냐하면. 내 마음 속에도 내가 아닌 또 다른 내가 살고 있으며 착한 일을 하는 천사와 악한 일을 하는 사탄이 함께 살고 있었기 때문 입니다. (롬 7:7-25 8:13-14)

예수님과 제자들과 사도 바울은. 하나님과 부모님의 사랑과 은혜를 자신의 마음으로 먼저 믿음으로 먼저 준비하며 먼저 예비하며 먼저 확정함으로 하나님과 부모님 앞에서 노하기를 더디 하며 항상 기뻐하며 쉬지 않고 기도하며 범사에 감사하며 악은 모든 모양 이라도 버림으로 자신의 마음 속에 숨어 살고 있는 사탄의 악한 죄악의 시험에서 먼저 이기며 먼저 승리할 수가 있었던 것입니다. (시 57:7)

그러므로. 하나님과 부모님 앞에서 미움 원망 욕심 욕함 거짓 싸움의 독사의 독이 가득 들어 있는 죄악의 열매를 입으로 받아 먹지 않으며 삼위일체 사랑의 가정을 완성하여 삼위일체 가족의 사랑의 약속을 예수님처럼 죽음으로 먼저 완성할 수가 있어야 합니다. (살전 5:16-22)

12. 사탄 마귀의 세가지 시험.

사탄의 악한 시험은 육신의 정욕과 안목의 정욕과 이생의 자랑이니 다 아버지께로 좇아온 것이 아니요 세상의 악한 욕심으로부터 좇아온 것이라 이 세상도 그 정욕도 지나가되 오직 하나님의 뜻을 행하는 이는 하나님과 함께 영원히 함께 거할 수가 있습니다. (요일 2:15-17)

사탄의 악한 궤계를 잘 알고 있으면서도 하나님과 부모님의 사랑과 은혜를 의심하며 악하게 시험하며 동물과 짐승처럼 식욕의 시험에서 패배하며. 술 취하며 마약에 취하며 음욕에 취하며 세상의 악한 풍습과 악한 습관을 세상의 악한 트렌드 라고 생각하며 어리석은 지혜의 왕 솔로몬 왕처럼 세상의 부귀 영화와 권세를 우상으로 섬기면. 하나님이 구원 하려고 해도 악한 자가 먼저 거절하기 때문에 구원할 수가 없었습니다. (히 4:1-2 **trend**)

왜냐하면. 하나님과 부모님의 사랑과 은혜를 배반하며 불효하는 악한 자는 하나님과 부모님의 얼굴을 보아도 하나님과 부모님의 얼굴을 알아볼 수가 없었기 때문 입니다.

왜냐하면. 마음이 완악하여 져서 그 귀는 듣기에 둔하며 눈은 감았으니 이는 눈으로 보고 귀로 듣고 마음으로 깨달아 돌이켜 하나님께 고침을 받을 까봐 무서워하며 두려워함으로 지옥의 무서운 판결과 진노의 심판을 피할 수가 없을 것이기 때문 입니다. (마 13:14-15 계 21:7-8)

세상의 지혜로운 사람도 다른 사람에 비하면 짐승과 같은 자이며 총명과 지혜를 배우지 못한 짐승과 같은 어리석은 자이며 거룩한 자를 알지 못하기 때문에. 육신의 악한 정욕과 눈으로 보려고 하는 안목의 정욕과 자신의 높음을 자랑하는 이생의 자랑을 자신의 배설물처럼 깨끗하게 버려야 합니다. (잠 30:2-4 눅 16:15 요 5:44)

자신의 유익과 영광과 찬송을 먼저 위하면 하나님의 미움을 받으며 육체로부터 썩을 것을 거두며 성령을 위하여 선과 의를 심으면 성령으로부터 영생을 거두기 때문에. 육신의 악한 욕심대로 살지 않으며 영으로써 몸의 악한 행실을 반드시 죽여야 살수가 있습니다. (롬 8:13 갈 6:7-8)

[악한 사탄의 세가지 시험]

1. 예수님을 시험하여 돌로 떡을 만들라고 합니다.

사탄의 악한 식욕의 시험을 먼저 이기며 승리하지 못하면 먼저 술 취하며 음욕에 취하며 마약에 취하면 동물과 짐승과 물속의 물고기들처럼 낚시 바늘에 입으로 낚여서 비참한 죽음을 당할 수밖에 없게 됩니다. (전 3:21-22)

예수님은 제자들에게 거저 받았으니 거저 주라 하시며 지식과 지혜와 훈계와 명철을 사고 팔지 않으며 병든 자에게 아무 것도 받지 않고 병든 자들을 고쳐 주며 춥고 주리며 헐벗을 지라도 두려워하지 않으며. 뇌물과 공짜와 미끼를 입으로 받아 먹지 않으며. 예수님과 제자들은 함께 생활 하며 경건에 이르는 연습을 계속 하였던 것입니다.

사탄의 허탄한 신화를 믿지 않으며 경건에 이르는 연습을 기쁨으로 계속하며 먹고 사는 사탄의 식욕의 시험을 이기며 승리해야 합니다. 우리들은 깨끗하지 않으며 온전하지 않은 음식은 사탄과 광명의 천사와 베드로와 예수님이 먹으라 해도 먹을 수가 없다고 단호하게 거절함으로 사탄의 식욕의 시험에서 예수님과 베드로처럼 함께 이기며 승리할 수가 있어야 합니다. (마 16:21-25 행 10:10-16)

어리석은 출애굽 백성들처럼 함께 살고 있는 악한 자들의 악한 거짓말에 속아서 악한 꾀를 배우며 무엇을 먼저 맡겨 놓은 것처럼 맛있는 음식과 고기와 생선과 과일과 정욕에 좋은 것을 구하면. 동물과 짐승처럼 뇌물과 공짜와 미끼에 입으로 낚여서 비참한 죽음을 당하게 됩니다. (민 11:4-6)

선과 의를 행하기를 싫어하는 게으른 자들은 먹지도 말라 하는 성경의 말씀처럼. 자신이 기쁨으로 땀 흘리며 열심히 일하여 얻은 정당한 소득의 열매를 먹으며 하나님과 부모님이 기뻐하시는 아름다운 성령의 열매를 많이 맺을 수가 있어야 합니다. (잠 6:6-11 마 7:15-20 살후 3:10)

예수님과 부모님과 광명의 천사와 사탄이 말할 지라도 미움 원망 욕심 욕함 거짓 싸움의 독사의 독이 가득 들어 있는 죄악의 열매와 뇌물과 공짜와 미끼를 입으로 받아 먹지 않으며 동물과 짐승과 물고기처럼 입으로 낚여서 비참한 죽음을 당하지 않아야 합니다. (요 5:14 8:11)

우리들은 하나님과 부모님을 공경하며 효도하며 사망에서 생명을 구원하는 의로운 지식과 지혜를 배우며 경건에 이르는 연습을 기쁨으로 계속하며 양식 아닌 것을 위하여 은을 달아 주지 않으며 배부르지 못할 것을 위해 쓸데없이 수고하지 않으며 좋은 것을 먹으며 마음에 기름진 것으로 즐거움을 얻으며 하나님과 부모님께 영광과 찬송과 경배를 드리며 그 이름을 영화롭게 해야 합니다. (사 55:1-3)

예수님처럼 먼저 준비하며 확정함으로 사람이 떡으로만 살 것이 아니요 하나님의 모든 생명의 말씀에 기쁨으로 순종함으로 살 것이니라 하며. 동물과 짐승과 물고기처럼 입으로 낚이지 않으며. 사탄의 식욕과 죽음과 사망의 시험에서 예수님처럼 이기며 승리할 수가 있어야 합니다.

2. 시험하며 성전 꼭대기에서 뛰어 내리라 합니다.

어리석은 출애굽 백성들은 귀한 생명을 나에게 선물로 주신 하나님과 부모님의 큰 사랑과 큰 은혜를 잊어 버리고 하나님과 부모님의 죄와 허물을 망령되게 입으로 말하며 악한 꾀에 빠져서 하나님의 사랑과 은혜를 악하게 시험하며 불평함으로. 광야와 같은 세상에서 고난을 당하다가 허무하게 죽게 되었습니다. (민 11:4-6 14:22-23 전 7:29)

광야와 같은 세상사 에는. 높은 자도 낮은 자도 귀한 자도 천한 자도 모두 힘들고 어려운. 육체의 고난과 고통과 핍박을 받으며 죽음의 불 시험을 당하기 때문에. 우리들은 아무에게도 불평하지 않으며 기뻐해야 합니다. (히 12:8)

하나님과 부모님의 사랑과 은혜를 잊지 않고 기억함으로 항상 기뻐하며 쉬지 않고 기도하며 범사에 감사하며. 오래 참고 멀리 내다보며 오래 기다리며 악은 모든 모양 이라도 버리며 먼저 준비하며 예비하며 확정함으로. 사탄의 악한 시험에서 이기며 승리해야 합니다. (시 57:7)

예수님과 제자들처럼. 어렵고 힘든 세상사 에서 고난과 핍박과 징계와 채찍에 맞을 지라도. 하나님과 부모님의 사랑과 은혜를 의심하며 시험하지 않으며. 믿음과 소망과 사랑으로 순종하며 공경하며 효도하면. 모든 것을 합력하여 선으로 완성시켜 주시며. 삼위일체 사랑의 약속을 죽음으로 완성하면 죽더라도 영광의 몸으로 홀연히 변화하며. 하나님의 아들이 되는 자격을 능력으로 당당하게 인정받을 수가 있기 때문에 기뻐해야 합니다. (롬 1:4 빌 2:5-8)

하나님과 부모님의 사람들이 망령되고 악하게 하나님의 성전 꼭대기에서 하나님과 부모님의 사랑과 은혜를 악하게 시험하면. 누구라도 반드시 죽게 되며. 하나님의 아들 예수님 이라도 분명히 죽게 될 것입니다.

왜냐하면. 하나님과 부모님의 사랑과 은혜는 분명하며 확실하기 때문에 악한 동물들과 짐승들도 잘 알고 있으며 세상의 어떤 사람들도 의심하며 시험하는 악한 죄악을 범할 수가 없으며. 하나님과 부모님의 사랑과 은혜를 의심하며 시험하는 악한 죄악을 범하면 누구라도 반드시 죽으며. 예수님도 죽게 될 것이기 때문에 예수님은 주 너의 하나님을 시험치 말라 하시는. 하나님의 생명의 말씀으로 사탄의 악하고 무서운 죄악의 시험을 단번에 물리칠 수가 있었던 것입니다. (민 14:22-23 시 49:12 49:20)

3. 천하 만국의 영광을 주며 엎드려 절하라 하였습니다.

우리들은 무엇보다 존귀하게 창조된 하나님과 부모님의 사랑하는 자녀들이며. 하늘에 살고 있는 천사들과 그 어떤 사람에게도 엎드려 절할 수가 없는. 만군의 여호와 하나님과 부모님의 존귀한 자녀들이기 때문에 누구에게도 엎드려 절하지 않아야 합니다. (계 19:10 22:8-9)

우리들은 모두 형제와 자매이며. 우리들의 지도자는 예수 그리스도 한 분 뿐이기 때문에. 살아 있는 사람들을 경배

한다면 우상을 섬기는 것과 똑 같은 무서운 죄악을 범하는 것이기 때문 입니다. (마 23:8-10 요 5:41-44 골 3:1-4)

사탄의 악한 거짓말에 속아서 하나님과 부모님의 사랑과 은혜를 배반하며 세상의 부귀 영화와 권세를 위하여 일하며. 자신의 배와 유익과 영광과 찬송을 위해 일하며 술 취하며 음욕에 취하며 마약에 취한다면. 하나님의 사람이 아니라 악한 괴물이 되기 때문에. 영원히 살수가 있는 영생 하는 신들과 하늘의 천사들 이라도 죽게 될 것입니다.

어리석은 솔로몬 왕처럼 자신의 악한 지혜를 믿으면 천하 만국의 영광을 가져도 아무것도 가지지 못하며 오늘 밤에 생명을 잃어 버리게 되는 환상과 신기루와 같은 것이기 때문에. 부자가 천국에 들어 가기가 약대가 바늘 귀로 들어 들어가는 것보다 힘들며. 가난한 자에게 천국 복음이 먼저 전파 된다고 예수님이 직접 말씀하신 것입니다.

사탄의 세가지 악한 죄악의 시험은 세상의 모든 사람들이 모두 통과해야 하는 시험이기 때문에. 우리들은 너무 불평 하지 않으며 먼저 준비하며 예비하며 확정함으로 하나님의 거룩함과 비둘기의 순결함과 정절의 약속과 삼위일체 사랑 의 약속을 죽음으로 완성함으로 예수님처럼 최후 승리를 얻을 수가 있어야 합니다. (왕상 11:4 시 57:7)

예수님처럼 사탄아 물러가라. 주 너의 하나님께 경배하며 다만 그를 섬기라 하면서 세상의 악한 부귀 영화와 권세와 음행과 식욕과 돈과 물질과 사망의 시험을 단번에 물리치며 이기며 승리할 수가 있어야 합니다. (눅 16:15)

사탄의 세가지 악한 시험은 세상 모든 사람들이 모두 통과해야 하며 의인 욥처럼 의인들도 모두 당해야 하는 사탄의 죽음의 불 시험 입니다. (시 57:7 고전 3:12-15)

우리들은 먼저 준비하며 먼저 예비하며 먼저 확정함으로 사탄의 죽음의 불 시험을 정금처럼 통과함으로. 하나님의 거룩함과 비둘기의 순결함과 정절의 약속을 예수님처럼 죽음으로 먼저 완성할 수가 있어야 합니다. (욥 23:10)

☆ **음행의 죄악을 범하면 죽음을 당하게 됩니다.**

사람들이 동물과 짐승처럼 벌거벗고 다니며 부끄러워하지 않으며 음탕한 음녀와 음행의 죄악을 범하면. 소돔과 고모라 성과 니느워 성과 천하장사 삼손처럼 제일 먼저 죽음을 당하게 될 것입니다. (레 18:6-23)

우리들의 몸은 하나님의 거룩한 생령과 성령이 함께 거하시는 하나님의 거룩한 성전이기 때문에 하나님과 부모님을 거역하며 불효하며 하나님의 거룩한 성전된 자신들의 몸을 술과 음행과 마약으로 더럽히면 천하장사 삼손처럼 죽음을

당하게 될 것입니다. (계 16:15 21:8)

영원히 살수가 있는 불멸의 몸이 된 영생하는 신들 이라도 술 취하며 음욕에 취하며 마약에 취하며 살인 간음 도적질 거짓 증거하며 부모님을 거역하며 이웃에게 죄악을 행하면 사람들이 아니라 괴물이며. 신이 아니라 괴물이기 때문에 반드시 죽게 됩니다. (잠 6:25-29 고전 6:15-18)

음행의 죄악은 영광의 하나님과 부모님과 삼위일체 사랑 의 가족들과 자신과 또 많은 사람들에게 동시에 죄악을 범 하는 것이기 때문에 반드시 죽게 됩니다.

☆ 예수님이 말씀하신 6 가지 계명을 지키면 분명히 영생을 선물로 받을 수가 있습니다. (마 19:17-19)

1. 살인하지 말라. **2.** 간음하지 말라. **3.** 도둑질 하지 말라.
4. 거짓 증거하지 말라. **5.** 내 부모님을 공경하라.
6. 내 이웃을 내 몸처럼 사랑하라.

예수님이 네 가지 계명을 말씀하지 않은 중요한 이유는. 우리들이 반드시 지켜야 하는 여섯 가지 계명을 온전하게 완성하기 위하여 하나님의 네 가지 계명을 더하여 주신 것 이기 때문에 예수님과 제자들은 여섯 가지 계명을 준행 하 여 지키라 하였던 것입니다. (갈 3:19)

하나님은 우리에게 아무 것도 받지 않으며 아무 것도 받을 필요가 없는 창조주 하나님이며 모든 것이 하나님으로 부터 나오며 모든 것이 하나님께로 돌아가기 때문에 모든 것이 하나님의 것이기 때문 입니다. (욥 35:5-8 롬 11:35-36)

☆ **예수님이 니고데모에게 말씀하신 물과 성령으로 거듭 태어나며 하늘 나라에 들어가는 비밀은 무엇 입니까.**

악한 죄인은 더 심한 것이 생기지 않도록 무서워하는 악한 죄악을 다시는 범하지 않으며 기쁨으로 선과 의를 행하기를 항상 힘쓰는 것입니다. (요 5:14 5:29 8:11)

왜냐하면. 개가 토한 것을 다시 먹으며 돼지가 씻었다가 더러운 구덩이에 도로 들어가면 깨끗하게 씻은 것이 아무 소용이 없기 때문 입니다. (잠 26:11 벧후 2:22)

왜냐하면. 물은 예수 그리스도의 부활 하심으로 말미암아 이제 우리들을 구원 하는 표니 곧 세례라 육체의 더러운 것을 제하여 버림이 아니요 오직 선한 양심으로 귀한 생명을 선물로 주신 하나님 아버지를 향하여 찾아 가는 것이 곧 세례이기 때문 입니다. (요 6:28-29 벧전 3:21)

그러므로. 누구든지 하나님과 부모님의 사랑과 은혜를 믿으며. 예수 그리스도 안에 있으면 새로운 피조물이 되었기 때문에. 예수님의 이름으로 선과 의를 행하기를 힘쓰면 보라 누구든지 깨끗한 새 사람이 될 수가 있으며 천국에 들어 갈수가 있습니다. (요 3:1-12 고후 5:17)

☆ 예수님의 성찬식에 참여하여 떡과 포도주를 먹는 사람들은 눈이 밝아지며. 하나님과 부모님의 얼굴을 볼 수가 있으며 공경하며 효도함으로 죄악의 시험에서 이기며 승리하며 사망에서 생명을 구원하는 의로운 생명의 말씀과 진리의 말씀을 들을 수가 있습니다. (요 6:53-58)

성찬식에 참여하여 떡과 포도주를 먹으면 하나님이 예수님을 무덤에서 다시 살린 것처럼 예수님이 우리들을 무덤에서 또 다시 살릴 것입니다. 왜냐하면 이것은 하늘로부터 내려온 떡이니 조상들이 광야에서 먹고 죽은 만나와 같지 않으며. 이 떡을 먹는 사람들은 우리들의 부모님이 되시는 예수님으로 인하여 영원히 다시 살수가 있습니다.
 왜냐하면. 부모님과 함께 앉아서 사랑과 은혜와 정성으로 만든 음식을 기쁨으로 함께 나누어 먹는다는 것은 같은 사랑과 은혜와 마음과 뜻으로 하나가 되었다는 것이며 삼위일체가 되었다는 것이기 때문에 예수님처럼 부모님과 함께 영원히 다시 살수가 있습니다. (요 11:25-26)
 그러므로. 하나님과 부모님의 사랑과 은혜와 정성으로 만들어 주시는 음식을 먹을 때마다 귀한 생명을 우리에게 선물로 주시며 이름을 지어서 불러주신. 하나님과 부모님의 사랑과 은혜를 기억하며 감사와 영광과 찬송을 드리며 그 이름을 영화롭게 해야 합니다. (엡 6:1-3)

왜냐하면. 우리들의 부모님은 하나님의 거룩한 제사장이기 때문에 사랑과 은혜와 정성으로 만들어 주신 음식을 합당 치 않게 먹고 마시며 불평하면 자신들의 입으로 음식을 먹 는 것이 아니요 자신의 죄악을 먹고 마시는 것과 똑 같기 때문 입니다. 어리석은 출애굽 백성들은 모세에게 속하여 구름과 바다에서 세례를 받고 하늘로부터 내려오는 신령한 음식 만나와 신령한 음료를 받아 먹으며 사탄의 악한 거 말에 속아서 맛있는 음식과 고기와 생선과 과일과 정욕에 좋은 음식을 구하며. 사탄의 악한 꾀에 빠져서 하늘로부터 내려 오는 신령한 음식 만나와 신령한 음료를 먹으면서 불 평하며 원망하며 악하게 시험함으로. 자신들의 죄를 먹고 마시는 무서운 죄악을 계속하여 범함으로 광야와 같은 험 한 세상에서 아무도 구원받지 못하고 허무하게 모두 죽게 되었던 것입니다. (고전 10:1-6 11:23-29 벧전 2:9)

1. 예루살렘 백성도 사탄의 거짓 말에 속았습니다.

예루살렘아 예루살렘아 선지자들을 죽이고 네게 파송된 자 들을 돌로 치는 자여 암탉이 그 새끼를 날개 아래 모음 같이 내가 네 자녀를 모으려 한 일이 몇 번이더냐. 그러나 너희가 원치 아니 하였도다 보라 너희 집이 황폐하여 버린 바 되리라 내가 너희에게 이르노니 이제 부터는 너희가 찬송 하리로다 주의 이름으로 오시는 이여 할 때까지. 나를 보지 못하리라 하며 슬퍼하였습니다. (마 23:37-39)

2. 대 제사장과 장로들도 사탄의 거짓말에 속았습니다.

예수님이 예루살렘 성에 들어오니 백성들이 나와서 다윗의 자손이여 주의 이름으로 오시는 이여 가장 높은 곳에서 호산나 호산나하며 예수님을 선지자로 부르며 전쟁의 왕 다윗 왕에게 구원하여 달라고 호산나 찬송을 부르는 것은 로마에 대한 반역 행위 입니다. (마 21:9-11)

예수님을 로마에 대한 반역자로 고소하여 죽이지 않으면. 로마 군병들이 예루살렘 성을 불 태우며 이스라엘 백성을 죽일 것입니다 하면서. 예루살렘 성이 불에 타며 백성들이 죽는 모습을 대 제사장과 장로들 에게 사탄 마귀는 가짜 환상을 보여 주면서 거짓말 하였습니다.

대 제사장과 장로들은 자신들의 유익과 배와 영광과 찬송과 기득권을 지키기 위하여 사탄의 악한 거짓말에 스스로 속았으며. 예수님을 무고하게 정죄하여 죽이기로 함께 동의 동조 동참 하였습니다. (마 26:2-5 요 11:45-53)

3. 예수님의 제자들도 사탄의 거짓말에 속았습니다.

예수님은 많은 병자들을 고치며 귀신을 쫓아내며 죽은 자를 살리며 오병 이어의 기적을 행하며 많은 사람들을 배부르게 먹었기 때문에. 사람들이 예수님을 왕으로 삼으려고 준비하고 있었습니다. (요 6:15 고후 11:13-15)

하면서. 광명의 천사의 모습으로 변장하고 나타난 사탄은 예수님이 유대인들의 왕이 되는 모습을 가짜 환상으로 보여 주면서 제자들과 함께 기뻐하고 있었습니다. 그러나 예수님은 왕이 되려고 하지 않으며 피하고 있으니 예수님이 있는 곳을 대 제사장에게 알려 주면 바다와 폭풍도 잠잠케 하며 복종케 하시는 예수님의 큰 능력으로 예수님은 유대인들의 왕이 될 수 밖에 없을 것입니다. 하면서 제자들의 눈치를 살피니 제자들은 예수님이 유대인의 왕이 되면 누가 먼저 높은 자리에 앉을까 하며 기뻐하며 좋아하면서. 예수님 앞에서 제자들은 서로 높은 자리 싸움을 본격적으로 하기 시작 하였습니다. (마 20:20-24)

☆ **예수님은 고민하고 슬퍼하사 내 마음이 죽게 되었으니. 너희는 여기 머물러 나와 함께 깨어 있어 기도하라 말씀 하였습니다. (마 26:36-38)**

예수님의 제자와 군중들은 생명의 말씀을 들어도 생명의 말씀을 깨닫지 못하였으며 하나님과 부모님의 선하시며 기뻐 하시며 온전하신 뜻을 확실하게 분별하지 못하였으며 악한 짐승과 동물처럼 떡을 먹고 배부르기 원하며 오직 세상의 악한 부귀 영화와 권세를 원함으로 악한 자의 악한 거짓말에 모두 속았으며 하나님께 간절히 기도하지 못하고 깊은 잠을 자고 있었기 때문에 제자들은 사탄의 악한 시험에 모두 패배 하였던 것입니다. (히 11:8)

예수께서 더욱 힘쓰고 애써 더욱 간절히 기도 하시니. 땀이 땅에 떨어지는 피 방울 같이 되도록 간절히 기도하신 특별한 이유는 무엇 때문 입니까 예수님은 생사와 죽음까지 초월 하였으며 먼저 준비하며 예비하며 확정하고 기다리고 있었으나. 예수님의 마음이 고민하고 고통하며 슬퍼하며 죽게 된 이유는 무엇 때문 입니까. (막 9:29 눅 22:44)

내 아버지여 만일 할만 하시거든 이 잔을 내게서 지나가게 하소서. 그러나 나의 원대로 마옵시며 아버지의 원대로 하옵소서 하며 같은 기도를 세 번이나 계속한 특별한 이유는 무엇 때문 입니까. (마 10:16 계 14:4 19:8 21:27)

예수님은 언제나 자신의 뜻대로 하지 않으며 아버지의 선하시며 기뻐하시며 온전하신 뜻을 분별하여 아버지의 선하신 뜻대로 준행 하였으나 오늘은 아버지의 선하신 뜻을 똑바로 분별할 수가 없었기 때문에 아버지 내 뜻대로 마옵시며 아버지의 뜻대로 하옵소서 하시는 똑 같은 기도를 세 번이나 계속 하면서 땀이 땅에 떨어지는 피 방울 같이 되도록 하나님 앞에서 간절히 기도 하였던 것입니다.

왜냐하면. 아직 까지도 어린 아이와 같은 제자들을 뒤에 남겨두고 십자가에서 먼저 죽어야 하기 때문에 어린 제자들을 염려하는 부모님의 무거운 마음의 고통 때문 입니다.

사탄의 악한 거짓말에 속아서 사탄의 거짓 환상도 정확히 분별하지 못하고 세상의 부귀 영화와 권세를 우상으로 섬기면서 서로 높은 자리 싸움을 하는 어린 아이들과 같은 제자들과 한시 동안도 깨어있어 기도하지 않는 어린 제자들과 은 삼십에 사랑과 은혜를 배반하는 어리석은 제자를 보며 예수님은 고민하고 슬퍼하사 그 마음이 죽게 되었기 때문 입니다. (눅 24:25-26 24:38-39 요 21:3)

예수님은 우리들의 부모님과 같은 마음이 되었으며 우리들의 부모님이 되어서. 땀이 땅에 떨어지는 피 방울 같이 되도록 사랑하는 제자들을 위하여 하나님 아버지 앞에서 간절히 기도 하였던 것입니다. (마 26:21-22 26:75)

예수님의 심한 통곡과 눈물의 기도 때문에. 하나님께 들으심을 얻었으며 제자들은 모두 사탄의 악한 죄악의 시험에서 승리 하였으며. 사탄의 거짓 환상에 속지 않았으며 하나님의 거룩함과 정절의 약속과 비둘기의 순결함을 자신의 생명으로 지킬 수가 있었던 것입니다. (히 5:7)

☆ 예루살렘 공의회에서 결정한 일은 무엇 입니까.

초대 교회의 사도들은 조상들과 자신도 능히 메지 못하던 멍에와 율법과 계명을 제자들의 목에 두지 않으며 사람 이라면 말하지 않아도 알 수가 있는 가장 기본적으로 지켜야 하는 계명. 살인 간음 도적질 거짓 증거하지 않으며. 부모님을 공경하며 이웃에게 악을 행하지 않으며 우상의 더러운 것과 음행과 목매어 죽인 것과 피를 멀리 하라고 결정하였습니다. (겔 18:20-21 행 15:10-21 롬 3:29)

왜냐하면. 예수님의 제자들이 예수 그리스도의 이름을 전파 하는 중요한 이유가 있었기 때문 입니다.

예수님의 제자들이 그들의 왕이 되려는 것이 아니라. 하나님과 부모님을 공경하며 영광과 찬송과 경배를 드리며 그 이름을 영화롭게 하며 삼위일체 사랑의 가정을 완성하여 삼위일체 가족의 사랑의 약속을 예수님처럼 죽음으로 완성하는 것이며 선과 의를 행함으로 연약한 사람들의 사랑의 종이 된 것을 전파하는 것입니다. (고후 4:4-5)
왜냐하면. 하나님과 부모님을 공경하면 지식과 지혜와 총명함을 얻으며 눈이 밝아져서 하나님과 부모님의 얼굴을 자신들의 눈으로 직접 볼 수가 있으며. 사탄의 악한 거짓말에 속지 않으며. 하나님의 거룩함과 정절의 약속과 비둘기의 순결함을 지킬 수가 있기 때문에. 가장 기본적인 여섯 가지 계명과 우상의 더러운 것과 음행과 목매어 죽인 것과 피를 멀리 하라고. 야고보와 베드로와 초대 교회 사도들이 함께 의논하여 결정 하였던 것입니다.

왜냐하면. 하나님 아버지는 편파적인 하나님이 아니요 이방인 에게도 공평한 공의에 하나님이며 온 세상 모든 사람에게 귀한 생명을 직접 선물로 주신 하나님 아버지이며 또한 진실로 이방인의 하나님 아버지이기 때문 입니다.

(행 17:24-27 롬 2:28 3:29 10:12 골 3:11 3:25)

왜냐하면. 불의한 청지기라도 돌아온 탕자처럼 자신들의 죄악을 눈물로 완전히 회개하며 사랑의 종이 되어 빚진 자와 힘든 사람들과 어려운 사람들을 도와주며 기쁨으로 선과 의를 행하기를 힘쓰면. 누구든지 자신들의 많은 옛 죄악을 사함 받으며 영원한 처소에 들어 갈수가 있기 때문 입니다.

(눅 15:11-21 16:9-13 행 9:16 고후 11:23-27 딤전 1:15-16)

13. 시골 사람 불효자 시몬의 완전한 회개.

낳으실 때 괴로움 다 잊으시고 기르실 때 밤낮으로 애쓰는 마음 진자리 마른자리 갈아 뉘시며 손 발이 다 닳도록 고생 하시네 하늘 아래 그 무엇이 높다 하리요 하나님과 부모님의 사랑은 끝이 없어라.

귀한 생명을 선물로 주시며 낳으시며 기르시며 이름을 지어서 불러 주시며 가르쳐 주신 하늘보다 높으며 바다보다 넓은 하나님과 부모님의 사랑과 은혜를 알지 못하고 배반하며 불효하는 자들은 악한 자이며 무엇보다 존귀하게 창조 되었으나 깨닫지 못하고 스스로 멸망 당하는 짐승과 동물 같은 어리석은 자 입니다. (시 49:12 49:20)

아비에게 말하기를 네가 무엇 하려고 세상에 태어 났느냐 어미에게 말하기를 네가 무엇 하려고 나를 잉태하여 나를 낳았느냐 하며 거역하며 불효하는 악한 자들은. 하나님과 부모님의 무한대의 사랑과 은혜의 축복을 받지 못하며 도리어 사탄의 악한 저주를 받게 됩니다. (사 45:9-10)

하나님과 부모님은 하늘이여 들으라 땅이여 귀를 기울이라. 내가 자식을 양육 하였거늘 그들은 나를 거역 하였도다.

소는 임자를 알고 나귀는 그 주인의 구유를 알건 마는 나의 자식은 알지 못하는 도다. 자신에게 귀한 생명을 선물로 주시며 이름을 지어서 불러주신 하나님과 부모님의 사랑과 은혜를 배반하고 불효하는 도다 슬프다 범죄한 나라요 허물진 백성이요 행악의 종자요 행위가 부패한 어리석은 자식 이로다. 그들은 하나님과 부모님의 사랑과 은혜를 배반하고 불효하며 멀리하며 거역하며 도망 하였도다. 하면서 슬퍼하며 통곡하며 분노하고 있었습니다. (사 1:2-9)

왜냐하면. 하나님과 부모님을 거역하는 악한 나라와 민족과 죄인은 노아의 대 홍수 심판과 소돔과 고모라 성과 니느웨 성과 예루살렘 성처럼 멸망 당하기 때문에 악한 자들을 불쌍히 여기며 통곡하며 슬퍼하며 분노하고 있었던 것입니다. (출 21:15-17 겔 18:19-32)

☆ 불효자 시몬은 예수님의 놀라운 이야기를 들었습니다.

그러나. 예수님은 죄인이 되어서 십자가를 등에 지고. 골고다 언덕 위로 올라 가고 있었습니다. 불효자 시몬은 실망하며 집으로 돌아 가려고 하다가 예수님의 얼굴이라도 한번 보려고 예수님 가까이 다가가 보았습니다. 그러자 불효자 시몬은 놀라서 기절할 뻔 하였습니다. 예수님은 나의 부모님이며 나의 부모님으로 세상에 다시 오셨기 때문에. 예수님의 모양과 모습과 형상은 시골 집에 계시는 부모님의 모양과 형상이 같았던 것입니다. (요 14:9)

불효자 시몬은 예수님 앞으로 다가가서 손을 잡으며 아버지 이곳까지 어떻게 오셨습니까 하였을 때에 예수님도 시몬의 손을 잡으며 내 아들 시몬아 내 아들 시몬아 내가 너를 사랑 하노라 내가 너를 기뻐하노라.

나는 너를 무엇보다 존귀하게 창조하여 하늘에 살고 있는 천사들도 흠모하는 하나님의 영광과 찬송과 보물과 축복과 영생을 선물로 주려고 너를 창조 하였느니라. (사 42:8)

그러므로. 지금부터는 무서워하는 악한 죄악을 다시는 범하지 않으며 하나님과 부모님을 공경하며 형제와 이웃을 내 몸처럼 사랑하며 마음을 다하여 목숨을 다하며 뜻을 다하여. 천국을 침노하는 자들은 천국을 침노할 수가 있으며 빼앗긴 천국을 다시 찾을 수가 있느니라. (마 11:12)

☆ **하나님과 부모님은 처음부터 우리들이 불효할 것을 먼저 알고 있었습니다. (잠 1:7-10 사 1:2-9)**

그러나. 하나님의 영광과 찬송과 보물과 축복과 영생은 하늘의 천사들도 흠모하는 특별한 영광과 영화로움이기 때문에 아들로 삼아 주시며 하나님의 모든 것을 우리들에게 선물로 주기 위하여. 처음부터 무엇보다 존귀하게 창조 하였으며. 사탄의 악한 죄악의 시험을 이기며 승리하기 위하여 삼위일체 사랑의 가정을 만들어서 짝지어 축복하여 주

시며 좋았다고 하였던 것입니다. (창 2:17-18)

그러나. 하나님과 부모님은 그날부터 오늘까지 마음 편한 날도 없으며 안식일도 없으며 쉬는 날도 없이 하루 하루가 고통과 시련과 눈물과 통곡의 날이 되었습니다.

하나님과 부모님은 자녀의 유익과 영광과 찬송을 먼저 위하여 아름다운 모양도 버리고 권세도 버리고 흠모할 풍채도 버리고 사랑의 종이 되어서 고난과 핍박과 멸시를 당하였으나 자녀들은 부모님의 사랑과 은혜를 배반하며 고기와 생선과 외와 수박과 부추와 파와 마늘과 정욕에 좋은 음식을 맡겨 놓은 것처럼 구하며 악하고 음란한 악한 세대의 악한 풍습을 버리지 못하고 망령 되고 허탄한 옛 뱀의 악한 신화를 믿으며 남에게 빚을 지며 살인 간음 도적질 거짓 증거하며 부모님을 거역하며 이웃에게 악을 행하며 죽음의 길을 걸어가고 있기 때문에 예수님은 우리들을 악한 죄악에서 구원하기 위하여 세상에 오신 것입니다. (요 3:16)

왜냐하면. 일만 달란트 보다 더 큰 귀한 생명을 선물로 주신 사랑과 은혜를 잊어 버리고 백 데나리온 빚진 자를 고소하듯이 하나님과 부모님의 죄와 허물을 악하게 입으로 고소 하기 때문에 하나님과 부모님은 통곡하며 슬퍼하며 울고 있었던 것입니다. (사 45:10 마 18:23-35)

일만 달란트 보다 큰 귀한 생명을 선물로 주신 사랑과 은혜를 잊어버리고 한 달란트 받았다고 거역하며 땅에 묻어

두고 찾지 않음으로. 하나님과 부모님의 무한대의 사랑과 은혜의 축복을 받지 못하고 가지고 있던 사랑과 은혜까지 잃어 버리며 죽게 되었기 때문에 하나님과 부모님은 하늘과 땅을 향하여 슬퍼하며 통곡하며 울고 있었습니다.

☆ 하나님은 십자가의 죽음의 길을 걸어 가고 있었습니다.

하나님과 부모님이 귀한 생명을 선물로 주시며 이름을 지어서 불러주신 사랑과 은혜를 잊어 버리고 불효하며 거역하며 징계와 교훈과 채찍을 멸시 하며 무서워하며 옛 뱀의 악한 거짓말에 속아서 독사의 종 노릇하며 죽게 되었기 때문에. 하나님과 부모님은 자녀들을 대신하여 멸씨와 핍박과 고난을 당하시며 십자가의 죽음의 길을 걸어 갈수 밖에 없었던 것입니다. (사 53:1-9)
왜냐하면. 죄악을 행하는 불효자 시몬의 죄값을 하나님과 부모님이 대신하여 담당하지 않으면 불효자 시몬은 죄값을 피 값으로 생명 값으로 곱하기하여 남김 없이 갚아야 하며 자신이 가지고 있던 한 달란트 까지 잃어 버리며 죽게 되었기 때문 입니다. (마 5:26 눅 19:12-27 롬 5:6-8)

☆ 하나님과 부모님은 오늘도 하늘을 향하여 눈물을 흘리며 통곡하며 슬퍼하고 있었습니다. (사 1:2-9)

무엇보다 존귀하게 창조된 하나님과 부모님의 사랑하는 자녀들이 사랑과 은혜를 배반하며 거역하며 불효하며 멸망 당하는 동물과 짐승들처럼 멸망 당하는 것을 차마 눈으로 볼 수가 없었기 때문에. 그 마음이 고민하고 슬퍼하사 죽게 되었으며 음식도 먹지 못하고 잠도 자지 못하고 불면증과 우울증과 갱년기와 과로와 사고를 당하시며. 암과 치매와 병마와 죽을 병에 걸려도. 예수님과 부모님은 어린양 에게 아무 말씀도 할 수가 없었으며 죽음의 길을 걸어 갈수 밖에 없었던 것입니다. (시 7:11-13 사 53:4-7)

그러나. 불효자 시몬은 하나님과 부모님의 사랑과 은혜를 배반하며 불효하며 시험하며 늙으며 병이 들어서 죽는 것은 당연한 것이라고 말하며. 도리어 하나님과 부모님의 눈물과 고통과 죽음을 기뻐하며 이것이 하나님과 부모님을 섬기는 예 라고 망령 되게 말하는. 무서운 마지막 심판의 죄악을 범하고 있었던 것입니다. (요 16:1-2)

예수님과 부모님은 죽더라도 생명의 주인이 되시는 하나님에게 귀한 생명을 다시 선물로 받을 수가 있지만. 귀한 생명을 선물로 주신 하나님과 부모님의 사랑과 은혜를 배반하는 불효자는 또 다시 귀한 생명을 선물로 받을 수가 없기 때문에 예수님과 부모님은 하늘을 향하여 통곡하며 울면서 불효자 시몬을 위하여 십자가의 죽음의 길을 걸어갈 수 밖에 없었던 것입니다.

왜냐하면. 귀한 생명을 선물로 주신 하나님과 부모님의 사랑과 은혜의 약속을 배반하지 않으면 비록 십자가에 먼저 못박혀서 죽을 지라도 하나님이 예수님을 무덤에서 다시 살리신 것처럼. 예수님이 부모님을 무덤에서 또 다시 살리실 것이기 때문 입니다. (마 7:12 요 6:57)

☆ 하나님과 부모님의 사랑과 은혜를 알게 되었습니다.

불효자 시몬처럼. 우리들도 하나님과 부모님 앞에서 자신들의 옛 죄악을 눈물로 완전히 회개하며 영광과 찬송과 경배를 드리며 그 이름을 영화롭게 하며 정말 사랑의 종이 되어서 진심으로 공경하며 효도함으로 다시는 무서워하는 죄악을 범하지 않아야 합니다. (요 5:14 8:11)

왜냐하면. 망령되고 허탄한 옛 뱀의 악한 신화를 믿으며 악하고 음란한 악한 세대의 악한 풍습과 악한 습관을 배설물처럼 깨끗하게 버리지 못하면 자신의 죄값을 피 값으로 생명 값으로 곱하기하여 4 배로 모두 갚아야 그곳에서 나올 수가 있기 때문 입니다. (마 5:20 5:26 16:4)

그러므로. 지금 부터는 믿음의 실상이요 보지 못하는 것들의 믿음의 증거를 따라서. 사람들의 눈에 보이는 하나님과 부모님을 공경하며 효도함으로 징계와 교훈과 채찍을 도리어 기뻐하며. 고난과 핍박과 어려움 가운데서 인내함을 배우며 예수님처럼 온전하게 자라서 영광과 찬송과 경배를 드리며 그 이름을 영화롭게 하며 삼위일체 사랑의 가정을 완성하여 삼위일체 사랑의 약속을 죽음으로 먼저 완성함으로 성결의 영으로서 죽은 자 가운데서 부활하여 능력으로 하나님의 아들로 인정되는 자격을 당당하게 하나님께 선물로 받을 수가 있어야 합니다. (롬 1:4 빌 2:5-8)

☆ 시몬은 자신의 죄악을 눈물로 완전히 회개 하였습니다.

불효자 시몬은. 하나님과 부모님이 우리에게 귀한 생명을 선물로 주시며 이름을 지어서 불러주며 키워주신 하늘 보다 높으며 바다 보다 넓은 사랑과 은혜를 이제야 깨달아 알게 되었습니다. (사 53:2-9)

그리고. 이제 부터는 아들이라 칭함을 감당치 못하겠으니 종이라 하옵소서 하며 하나님과 부모님의 참 사랑의 종이 되어서 예수님 십자가를 벗어서 나에게 주십시요 내가 십자가를 지고 올라 가겠습니다. 하였을 때에 로마 병정은 십자가를 등에 지고 땅에 쓰러진 예수님의 십자가를 불효자 시몬의 어깨 위에 올려 놓으며 십자가를 대신 지고 올라 가라고 하였습니다. (마 27:32)

☆ 내 몸에 닿은 십자가 내가 지고 갈수가 있어야 합니다.

불효자 시몬처럼 자신들의 옛 죄악을 눈물로 완전히 회개하며 아들이라 칭함을 감당치 못 하겠으니 종이라 하옵소서 하며 정말 사랑의 종이 되어서 우리들의 몸에 닿은 사랑과 은혜의 십자가를 우리들도 당당하게 기쁨으로 등에 지고 걸어 갈수가 있어야 합니다. (눅 9:23-25)

왜냐하면. 예수님과 부모님이 힘들게 지고 오신 사랑과 은혜의 십자가는 예수님과 부모님의 죄악으로 인한 고난과 고통의 십자가가 아니었기 때문 입니다.

나의 죄악과 허물로 인하여 지고 오신 사랑과 은혜의 십자가이며 고난과 고통과 핍박과 조롱을 받으며 나의 죄악을 사하여 주며 죽음에서 구원하기 위하여 내가 죄악 가운데서 태어날 때부터 오늘까지 나를 위하여 힘들게 지고 오신 나를 위한 하나님과 부모님의 사랑과 은혜의 십자가가 분명하다는 것을 깨달아 알게 되었기 때문 입니다.

☆ **예수님은 사탄의 사망과 죽음의 권세를 이기며 십자가에 돌아가심으로 최후 승리를 얻었습니다. (행 13:28)**

예수님은. 하나님의 선하신 뜻을 알지 못한다 할지라도 아버지의 선하신 뜻을 마음으로 먼저 믿으며 삼위일체 가족의 사랑의 약속을 죽음으로 먼저 완성함으로. 사탄의 사망 권세를 이기며 최후 승리를 얻었습니다. (마 7:9-12)

악한 사탄은. 하나님과 부모님의 사랑과 은혜를 의심하며 배반하며 시험함으로 삼위일체 사랑의 약속을 죽음으로 완성하지 못하도록 악한 거짓말과 악한 꾀를 만들어서 삼위일체 사랑의 가정을 원수의 관계로 만들려고 오늘도 악한 거짓말을 계속하고 있었던 것입니다. (벧전 5:8-9)

그러나. 예수님은 하나님 아버지의 선하신 뜻을 알지 못한다 할지라도 아버지의 선하신 뜻을 대 선으로 믿으며 십자가의 죽음까지도 대 악으로 생각하지 않으며 도리어 대 선으로 생각하며 먼저 사랑의 종이 되어서 아버지의 삼위일체 사랑의 약속을 죽음으로 먼저 완성함으로. 하나님과 예수님 사이를 원수의 관계로 만들려고 계획 하였던 사탄의 악한 흉계가 모두다 실패로 끝나버리게 되었습니다.

예수님은 사탄의 사망 권세를 이기며 승리함으로 죽음으로 최후 승리를 얻게 되었습니다. (고전 15:51-57)

예수님은 하나님 아버지의 선하신 뜻을 알지 못한다 할지라도 십자가의 죽음 까지도 대선으로 믿으며 삼위 일체 사랑의 약속을 죽음으로 완성 함으로서 하나님의 거룩함과 정절의 약속과 비둘기의 순결함을 지키며. 사탄의 악한 죄악의 시험에서 승리함으로 성결의 영으로서 죽은 자 가운데서 무덤에서 부활하여 능력으로 하나님의 아들로 인정 되는 자격을 당당하게 하나님께 선물로 받으셨으니 우리들과 늘 함께 하는 예수 그리스도이며. 귀한 생명을 선물로 주시며 이름을 지어서 불러주신 나의 친 부모님이 되시는 예수 그리스도 입니다. (마 1:21-23 롬 1:4 빌 2:5-8)

☆ 삼위일체 사랑의 가족들은 진짜 원수가 아닙니다.

사탄은. 삼위일체 사랑의 가정을 파괴하기 위하여 악한 거짓말로 어리석은 자를 속이며 미움 원망 욕심 욕함 거짓 싸움의 독사의 독이 가득 들어 있는 죄악의 열매를 입으로 받아 먹게 함으로 삼위일체 사랑의 가정을 가짜 원수의 관계로 만들고 있었기 때문에 하나님의 전신 갑주를 입고 나의 원수를 사랑하며 삼위일체 사랑의 가정을 완성하여 삼위 일체 가족의 사랑의 약속을 예수님처럼 죽음으로 먼저 완성함으로 예수님처럼 사탄의 사망과 죽음의 권세를 이기며 최후 승리를 얻어야 합니다. (미 7:6 마 10:35-36)

우리들도 예수님처럼 아버지의 선하신 뜻을 알지 못한다 할지라도 아버지의 선하신 뜻을 믿으며 사랑의 종이 되어서 십자가의 죽음 까지도 대 선으로 믿으며 삼위일체 가족의 사랑의 약속을 예수님처럼 죽음으로 완성하기 위하여 십자가의 길을 걸어갈 수가 있어야 합니다. (빌 2:5-8)

왜냐하면. 하나님이 짝지어서 축복하신 삼위 일체 사랑의 가정을 완성하면 하나님께 기도하는 기도의 통로가 열리며 하나님과 부모님의 무한대의 사랑과 은혜와 축복과 도움을 받으며 생명의 은혜를 유업으로 아내와 함께 받으며 하나님 아버지의 아들이 되는 자격을 능력으로 당당하게 인정받을 수가 있는 특별한 삼위일체 가족의 유일한 사랑의 약속이기 때문 입니다. (시 121:1-8 벧전 3:7)

☆ 지금도 사탄의 악한 거짓말에 속고 있었습니다.

아담과 하와처럼 옛 뱀의 악한 거짓말에 속아서 미움 원망 욕심 욕함 거짓 싸움의 독사의 독이 가득 들어있는 죄악의 열매를 입으로 계속하여 받아 먹으며 삼위일체 사랑의 가정을 완성하지 못하고 사탄의 악한 거짓말에 속아서 남편은 아내를 아내는 남편을 아들은 부모님을 부모님은 자녀들을 원망하며 핑계하며 서로 불화하며 싸우고 있었던 것입니다. (잠 31:10-12 31:24-31)

하나님께서 처음부터 짝지어 축복하여 주시며 좋았다 말씀하며 기뻐하신 삼위일체 가족의 사랑의 사랑의 약속은 특별한 삼위일체 가족의 유일한 사랑의 약속이기 때문에 예수님처럼 서로 불쌍히 여기며 위하여 간절히 기도함으로 하나가 되어야 하며 삼위일체 가족의 사랑의 약속을 예수님처럼 죽음으로 먼저 완성함으로. 세상 사람들이 우리들의 착한 행실을 보고 하늘에 계신 우리 아버지께 영광과 찬송과 경배를 돌리게 해야 할 막중한 책임과 사명이 우리에게

분명히 있었던 것입니다. (마 5:13-16 10:34-37)

왜냐하면. 삼위일체 사랑의 가정을 완성 하기만 하면 악한 사탄 마귀들의 악한 시험에서 이기며 승리할 수가 있으며. 사탄의 악한 거짓말에 속지 않으며 우리들의 마음에 좋은 것을 먹으며 마음에 기름진 것으로 즐거움을 얻으며 하나님과 부모님의 의로운 생명의 말씀과 지식과 지혜와 총명함을 배우며 하나님 아버지의 영광의 나라에 들어가며 영원히 행복하게 살수가 있다는 것이 하나님이 우리들에게 허락하신 확실한 사랑과 은혜와 약속이며 생명의 말씀이기 때문 입니다. (사 55:1-3 엡 6:1-3)

☆ **내 아들아 네 아비의 훈계를 들으며 네 어미의 법을 떠나지 말라 이는 내 머리의 아름다운 관이요 내 목의 금 사슬이니라 내 아들아 악한 자가 너를 꾈지라도 좇지 말라.**

(잠 1:8-10 2:1-5 3:1-7 4:1-7)

세상에 있는 모든 사람들의 말은 믿지 못한다 할지라도. 우리들에게 귀한 생명을 선물로 주시며 이름을 지어서 불러 주시며 돌보아 주신 하나님과 부모님의 사랑과 은혜는 반드시 믿을 수가 있어야 합니다. (롬 1:17)

왜냐하면. 하나님과 부모님의 징계와 교훈과 채찍을 오래 참고 멀리 내다 보며 오래 기다리며 항상 기뻐하며 쉬지 않고 기도하며 범사에 감사하며 악은 모든 모양이라도 버리

면. 사탄의 악한 죄악의 시험에서 예수님처럼 이기며 승리할 수가 있기 때문 입니다. (살전 5:16-22)

어리석은 우리들이 하나님과 부모님의 생명의 말씀을 거역하며 불효하며 자신의 유익과 배와 영광과 찬송과 돈을 위하여 일하는 삯꾼과 늑대와 이리와 도적과 가짜 선지자와 악한자의 거짓말을 믿으며 따라가면 반드시 죽게 되며 살수가 없기 때문 입니다. (요 5:44 10:8-15)

왜냐하면. 청년들이 마음에 기뻐하며 즐거워하는 대로 세상의 악하고 음란한 악한 세대의 악한 풍습과 악한 습관을 따르며 망령되고 허탄한 사탄의 악한 신화를 믿으며 죄악을 범하면 이 모든 일에 대하여 하나님이 너희들을 심판 할 것이기 때문 입니다. (전 11:9 12:1-2)

청년의 때 곧 곤고한 날이 이르기 전에 귀한 생명을 선물로 주시며 이름을 지어서 불러주신 하나님과 부모님의 사랑과 은혜를 다시 생각하며 다시 기억하며 다시 찾아서 영광과 찬송과 경배를 드리며 그 이름을 영화롭게 해야 할 책임과 의무와 사명이 우리들에게 있었기 때문 입니다.

O 귀한 생명을 선물로 주시며 이름을 지어서 불러 주신 예수님과 부모님은 불효자 시몬에게 십자가를 질 수 있나 물어 보고 있었습니다. (519 장)

십자가를 질 수 있나 주가 물어 보실 때 죽기까지 따르리라 저들 대답 하였다. 너는 기억하고 있나 구원 받은 강도를 저가 회개 하였을 때 낙원 허락 받았다. 주께 내 혼 맡기겠나 최후 승리 믿으며 걱정 근심 어둔 그늘 너를 둘러 덮을때 이런 일 다 할 수 있나 주가 물어 보실 때 용감한자 옛날같이 선뜻 대답 하리라 우리의 심령주의 것이니 당신의 형상 만드소서 주 인도 따라 살아갈 동안 사랑과 충성 늘 바치오리다 하며. 우리들은 대답할 수가 있어야 합니다.

왜냐하면. 우리들은 하나님과 부모님의 사랑과 은혜를 기억 하지 못하고 생각하지 못하고 잊어버리고 있었지만 예수님과 부모님은 우리들이 처음 태어날 때부터 오늘까지 우리들을 위하여 고난과 핍박과 멸시와 천대를 받으며 십자가의 고난의 길을. 우리들의 죄악과 허물을 사하여 주며 용서해 주기 위하여 슬퍼하며 통곡하며 울면서 힘들게 십자가의 죽음의 길을 걸어 오셨다는 것을 오늘 에서야 내가 비로소 깨달아 알았기 때문에 나의 십자가를 내가 기쁨 으로 등에 지고 걸어 갈수가 있어야 합니다.

왜냐하면. 예수님과 부모님이 지고 가는 사랑의 십자가를 불효자 시몬처럼 자신들의 옛 죄악을 눈물로 완전히 회개하며 기쁨으로 등에 지고 가면 자신들의 옛 죄악을 모두 사함 받을 수가 있으며. 사탄의 악한 죄악의 시험에서 이기며 승리할 수가 있으며 십자가의 죽음의 시험도 능히 이기며 승리 할 수가 있기 때문 입니다.

왜냐하면. 예수님과 부모님이 오늘 날까지 힘들게 지고 오신 사랑과 은혜의 십자가는 예수님과 부모님의 십자가가 아니라. 우리들의 죄악과 허물로 인한 나의 십자가이며 나의 불효함과 나의 거역함과 나의 죄악으로 인한 나의 십자가 이기 때문 입니다. (마 27:32 눅 23:34)

☆ 갈보리 산 위에 십자가 섰으니 주가 고난을 당한 표라 험한 십자가를 내가 사랑함은 주가 보혈을 흘림일세 최후 승리를 얻기까지 주의 십자가 사랑하리 빛난 면류관 받기까지 험한 십자가 붙들겠네 하면서 우리들은 선뜻 대답할 수가 있어야 합니다. (135 장)

예수님과 부모님은 머리에 황금 면류관을 써야 하는 데도 나를 위하여 가시 면류관을 쓰시고 머리가 아파하며 두 손과 두 발에 대 못이 박혀서 보배 피를 흘려 주시며 창에 허리 상하여 물과 피를 모두 쏟아 주시며 십자가 위에서 나의 죄악을 대속해 주며 우리들을 죄악에서 구원해 주시며 새 생명과 영생을 선물로 받을 수가 있는 마지막 회개의 기회를. 우리들에게 선물로 주기 위하여 십자가 위에서 돌아가셨던 것입니다. (사 53:1-9 골 1:20 딛 2:14)

예수님과 부모님은 새 생명을 한번 더 선물로 받을 수 있는 마지막 회개의 기회를 우리들에게 선물로 주기 위하여 아름다운 모양도 버리고 흠모할 풍채도 버리고 권세도 버리고 하늘 나라의 영광의 증거와 부활과 천국과 지옥의 증거를 우리들에게 확실하게 증명하여 보여주기 위하여 십자가의 죽음의 길을 걸어가고 있었던 것입니다.

☆ **예수님은 십자가 위에서 운명 하였습니다.**

예수님은 우리들의 부모님이 되어서 아버지 내 영혼 아버지 손에 부탁하나이다 하시며. 십자가에서 운명하실 때에 성소 휘장이 위로부터 찢어져 둘이 되며 땅이 진동하며 바위가 터지며 무덤이 열리며 자던 성도들의 몸이 많이 일어나며. 예수님의 부활 후에 저희가 무덤에서 나와서 거룩한 성에 들어가 많은 사람들에게 보이며 예수님이 부활하심을 직접 증명하여 보여 주었으며. 백 부장과 함께 예수님을 지키던 자들은 지진과 함께 그 되는 일을 모두 보면서 심히 두려워하여 가로되 이는 진실로 하나님의 아들이 였도다 라고 고백 하였습니다. (마 27:50-54 눅 23:46)

☆ **예수님은 구약의 약속하신 예언대로 아리마대 부자 요셉의 새 무덤에 장사 되었습니다. (사 53:2-9)**

예수님은 약속대로 무덤에서 부활함으로 이 세상 보다 몇 천만 배 더 영화로운 하나님의 세계가 준비되어 있다는 것을 예수님이 직접 증명을 보여 주었으며 옛 선지자와 옛 성인들의 가르침이 가짜가 아니라 진짜라는 것을 직접 증명하여 보여 주었던 것입니다. (마 21:33-41)

예수님은. 무덤에서 부활하여 40 일 동안 세상에 계시면서 하늘나라 천국에 대하여 분명하며 확실하게 증거하며 증명하여 보여 주었으며 많은 사람들이 지켜 보는 가운데서 감람산 위에서 부활 승천 하였으며 구름을 타고 다시 오리라고 약속 하였습니다. (막 14:62 행 1:3-11)

☆ **내 몸을 내가 쳐서 하나님과 부모님의 생명의 말씀에 기쁨으로 순종함으로 물과 성령으로 거듭 태어날 수가 있어야 합니다. (마 5:48 엡 4:13-15 롬 1:4 빌 2:5-8)**

물과 성령으로 거듭 태어 나려면 악하고 음란한 악한 세대의 악한 풍습과 악한 습관을 배설물처럼 버리며 내가 내 몸을 쳐서 하나님과 부모님의 생명의 말씀에 기쁨으로 순종할 수가 있어야 합니다. (롬 12:2 고전 9:24-27)

번데기가 고치를 뚫고 나오는 수고와 애벌레가 매미가 되는 기다림과 닭 알이 자신의 껍질을 깨고 나오는 용기가 있어야 나비가 되며 매미가 되며 병아리가 되며 물과 성령으로 거듭 태어날 수가 있기 때문 입니다.

그러므로. 하나님과 부모님의 사랑과 은혜를 믿는 것과 아는 일에 하나가 되어 온전한 사람들이 되며 사람들의 악한 거짓말과 간사한 유혹에 빠져서 흔들리지 않으며 몸과 지혜와 총명함이 예수 그리스도의 장성한 분량이 충만한 데 까지 빨리 자라야 합니다. (고전 3:1-3 히 5:11-14)

왜냐하면. 사탄의 세가지 악한 시험과 죄악의 시험에서 이기며 승리함으로. 성결의 영으로써 죽은 자 가운데서 무덤에서 부활하여 능력으로 하나님의 아들로 인정되는 자격을 하나님께 당당하게 선물로 받으며. 하늘에 계신 우리 아버지의 온전하심 같이 온전해 지는 것이 물과 성령으로 거듭 태어 나는 것이기 때문 입니다. (마 5:48 롬 1:4)

14. 예수님이 무덤에서 완성한 놀라운 일들.

성결의 영으로서 죽은 자 가운데서 무덤에서 부활하여 능력 으로 하나님의 아들로 인정 되셨으니 곧 우리 주 예수 그리스도 시니라. (롬 1:4 빌 2:5-8)

예수님처럼. 삼위일체 가족의 사랑의 약속을 죽음으로 완성함으로 성결의 영으로써 죽은 자 가운데서 무덤에서 부활하여 능력으로 하나님의 아들로 인정되는 자격을 예수님처럼 하나님께 선물로 받을 수가 있어야 합니다.

우리들도 마음과 목숨과 뜻을 다하여 하나님과 부모님과 형제와 이웃을 내 몸처럼 사랑하며 천국을 침노하는 자는 천국을 침노하며 천국을 다시 찾을 수가 있는 권세를 얻게 되었기 때문 입니다. (마 11:12-13)

왜냐하면. 사탄이 뱀의 악한 지혜로 삼위일체 사랑의 가정을 원수의 관계로 만들어 놓았다는 것을 우리들은 이미 잘 알고 있었기 때문에. 다시는 사탄의 악한 거짓말에 속지 않으며 하나님과 부모님은 공경하며 효도하며 하나님의 거룩함과 정절의 약속과 비둘기의 순결함을 지키며 사탄의 악한 거짓말에 속지 않으며 승리할 수가 있게 되었기 때문 입니다. 사탄의 악한 거짓말에 다시는 속지 않으며. 예수님처럼 부모님을 공경하며 효도하며 불쌍하고 힘든 사람을 도와주며 기회 있는 대로 모든 사람들에게 착한 일을 하며 더욱 믿음의 가정들에게 예수님처럼 순서대로 할 수가 있게 되었기 때문 입니다. (마 10:5-6 15:24 롬 2:9-10 갈 6:7-10)

☆ 예수님이 땅에서 완성한 일들. (엡 2:13-16)

1. 무엇이 든지 땅에서 먼저 매면 하늘 에서도 매이며 땅에서 무엇이 든지 먼저 풀면 하늘 에서도 풀리는 천국의 열쇠를 선물로 주었습니다. (마 16:19 18:18)

그러므로. 먼저 땅에 있는 눈에 보이는 부모님을 하나님처럼 먼저 공경함으로 하나님과 부모님의 무한대의 사랑과 은혜의 축복을 받으며. 사탄의 악한 죄악의 시험에서 이기며 승리할 수가 있으며. 모든 율법을 예수님처럼 온전하게 완성할 수가 있게 되었습니다. (마 5:17-18)

왜냐하면. 사람들의 마음은 심히 악하기 때문에. 사람들의 눈에 보이지 않는 하나님을 사랑할 수가 없음으로. 사람의 눈에 보이는 부모님을 먼저 하나님처럼 사랑 하라는 계명을 예수님이 직접 우리들에게 선물로 주었기 때문 입니다.

왜냐하면. 자기 친족 특히 자기 가족들을 돌아보지 않는 자는 거짓말하는 자요 믿음을 배반한 자요 불신자 보다 더 악한 자요 하나님의 이름을 망령되게 부르는 악한 자이기 때문 입니다. (딤전 5:4 5:8 요일 4:20-21)

2. 예수님 안에서 내 부모님을 공경하라는 하나님의 약속 있는 복 받는 첫 계명의 약속으로 내 부모님을 먼저 공경하며 효도하면 하나님의 영원한 진리의 복음과 사망에서 생명을 구원하는 생명의 말씀과 의로운 지식과 지혜와 총명함을 배우며 값없이 돈 없이 포도주와 젖을 살수가 있으며 양식 아닌 것을 위하여 금과 은을 달아주지 않으며 배부르지 못할 것을 위하여 쓸데 없이 수고하지 않으며 마음에 기름진 것으로 즐거움을 얻으며 땅에서 잘되며 장수 한다는 것이 하나님께서 다윗에게 허락하신 영원한 약속의 계명이기 때문 입니다. (사 55:1-3 엡 6:1-3)

3. 예수님이 무덤에서 부활 하심으로 천국과 영생과 지옥에 대한 움직일 수가 없는 명백한 증거를 보여 주었으며 옛 선지자와 옛 성인들의 가르침이 가짜가 아니라 진짜라는 것을 확실하게 확인시켜 주었으며. 그 행하신 일과 표적을 신약 성경 27 권에 기록하여 그 짝을 모아 주셨으니. 아무도 하나님 앞에서 자신들의 죄악을 변명하고 핑계할 수가 없기 때문 입니다. (사 34:16 막 12:1-9 요 20:31)

4. 우리들의 구원은 행함과 선행으로 구원받지 않으며 살인 간음 도적질 거짓 증거하지 않으며 부모님을 공경하며 이웃에게 악을 행하지 않으며 선과 의를 행하기를 힘씀 으로 하나님과 부모님의 사랑과 은혜로 구원을 선물로 받을

수가 있습니다. (롬 13:8-10 딤전 1:9-10)

왜냐하면. 우리들은 기억하지 못하고 생각하지 못하고 잊어 버리고 있었지만. 우리들은 하나님과 부모님의 사랑과 은혜를 배반하며 불효하며. 하나님과 부모님에게 수미산 보다 큰 죄악을 범하였으며. 지옥 불 속에 들어 가야 할 죄인의 괴수이기 때문 입니다. (눅 15:12-19 딤전 1:15-17)

5. 여호와의 말씀은 살았고 운동력이 있어 좌우에 날선 어떤 검보다 예리하여 혼과 관절과 골수를 찔러 쪼개기 까지 하며 어리석은 자를 지혜롭게 함으로 날마다 성경을 읽으며 묵상함으로 하나님의 선하시며 기뻐하시며 온전하신 뜻이 무엇인지 분별하여 사탄의 악한 죄악의 시험에서 이기며 선과 의를 행할 수가 있는 지식과 지혜와 권세를 얻을 수가 있게 되었습니다. (롬 12:2 히 4:12 요일 2:27)

6. 사람들은 무관히 여겨도 하나님은 한번 말씀 하시며 다시 말씀 하시며 권고하여 주심으로 하나님과 부모님의 선하시며 기뻐하시며 온전하신 뜻을 분별하여 오래 참고 멀리 내다보며 오래 기다리며. 항상 기뻐하며 쉬지 않고 기도하며 범사에 감사하며 악은 모든 모양 이라도 버릴 수가 있게 되었습니다. (욥 33:14-18 마 12:25-32)

7. 옛 계명으로 멀리 있던 어리석은 자들이 예수님이 눈물로 기도하여 주심으로. 예수 그리스도 안에서 예수님의

피로 인하여 옛 뱀의 악한 죄악의 시험에서 이기며 승리할 수가 있으며 마음과 목숨과 뜻을 다하여 천국을 다시 침노할 수가 있게 되었습니다. (마 22:37-40 히 2:18)

8. 믿음은 바라는 것들의 실상이요 보지 못하는 것들의 믿음의 증거로 삼아서. 사람들의 눈에 보이는 부모님을 하나님처럼 공경함으로. 사람들의 눈에 보이지 않는 하나님을 공경하는 믿음의 증거로 삼아 사랑과 은혜와 축복을 받을 수가 있게 되었으며 예수님처럼 율법의 일 점 일 획이라도 없어지지 않고 완성할 수가 있게 되었습니다. (히 11:1-2)

9. 한 사람 아담이 하나님께 순종치 않으므로 많은 사람들이 죄인 된 것같이 한 사람 예수님이 하나님께 순종함 으로 많은 사람들이 예수님의 이름으로 의로운 사람들이 될 수가 있게 되었습니다. (벧전 4:18)

그러나. 한 사람 아담이 범죄 하였을 때에도 많은 믿음의 선진들과 의인들이 있었기 때문에 우리들은 아담과 하와와 부모님과 형제와 이웃들의 죄악을 망령되게 입으로 말하며 변명하며 핑계 하면서 악한 죄악 가운데 거할 수가 없게 되었습니다. (롬 5:19 히 11:32 유 1:3)

왜냐하면. 죄악을 범하는 사람들은 자신들의 악한 죄악과 허물로 인하여 자신들이 죽게 됨으로. 자신들의 죄 값을 자신들이 피 값으로 생명 값으로 곱하기 하여 자신들이 모두

갚아야 하기 때문 입니다. (애 3:38-39)

10. 하나님에게 믿음과 사랑으로 화답해야 합니다.

한 사람 예수님을 믿음으로 인하여 많은 사람들이 의인이 되며 마음과 목숨과 뜻을 다하여 천국을 침노하는 사람들은 예수님의 이름으로 천국을 침노할 수가 있으며 빼앗긴 천국을 다시 찾을 수가 있는 권세를 예수님의 이름으로 다시 선물로 받을 수가 있게 되었습니다. (마 22:37-40)
그러나. 십자가의 한쪽 편 강도와 같이 예수님이 바로 옆에 있어도 악심을 품고 거역하며 죄악 가운데 있으면 구원을 받지 못하며 안식에 들어갈 약속이 남아 있어도 듣는 자가 믿음으로 화답치 않으면. 하나님과 부모님의 얼굴을 보지 못함으로 구원을 선물로 받지 못하게 됩니다. (히 4:1-2)

11. 우리들이 아직 죄인 되었을 때에 그리스도께서 우리를 위하여 죽으심으로 하나님께서 우리에게 대한 하나님의 사랑과 은혜의 약속을 확증 하였습니다. (롬 5:6-8)

하늘보다 높으며 바다보다 넓으며 일만 달란트 보다 귀한 생명을 선물로 주시며 이름을 지어서 불러주신 하나님과 부모님의 사랑과 은혜가 아니면. 내가 죄인 되었을 때에도 변함 없이 나의 외모와 죄악과 허물을 보지 않으며 의롭다 하시며 칭의와 친고죄의 권세로 사망에서 생명을 구원하며 자신들의 생명을 대신하여 버릴 수가 있는 사람들은 아무도 없기 때문에. 하나님과 부모님을 제일 먼저 공경할 수가 있어야 합니다. 왜냐하면 어렸을 때에는 하나님과 부모님의 사랑과 은혜를 알지 못하고 불효하며 거역 하였을 지라도 장성한 사람이 되면 보혜사 성령의 가르침 대로. 하나님과 부모님의 사랑과 은혜를 다시 기억하며 다시 찾아서 영광과 찬송과 경배를 드리며 그 이름을 영화롭게 할 수가 있어야 합니다. (사 43:11 43:25 요 14:26 요일 2:27)

12. 그리스도 예수 안에 있는 자에게는 결코 정죄함이 없나니. 이는 그리스도 예수 안에 있는 생명의 성령의 법이 죄와 사망의 법에서 해방 하였음 이니라. (롬 8:1-2)

 성경책 어디를 보아도. 사탄의 악한 죄악의 시험에서 패배한 악한 죄인들이 구원을 받으며 천국에 들어 갈수가 있다는 말씀은 하나도 없었습니다. (애 3:38-39)
 그러므로 돌아온 탕자처럼. 하나님과 부모님 앞에서 자신의 옛 죄악을 눈물로 완전히 회개하며 정말 사랑의 종이 되어서 무서워하는 죄악을 다시는 범하지 않으며 영광과 찬송과 경배를 드리며 그 이름을 영화롭게 하며 예수 그리스도 안에서 새 사람이 되며. 새로운 피조물이 되어서 물과 성령으로 거듭 태어날 수가 있어야 합니다. (고후 5:17)

왜냐하면. 예수 그리스도 안에 있는 자는 예수님처럼 사탄의 악한 죄악의 시험에서 이기며 승리함으로. 죄인들처럼 무덤 속에 가둘 수가 없으며 예수 그리스도 안에 있는 생명의 성령의 법이 죄와 사망의 법에서 우리들을 무덤 속에서 해방할 수 밖에 없었으며 완전한 새 사람이 되었다는 것입니다. (요 8:46 고후 5:21 골 2:13-15)

13. 예수 안에 있는 생명의 성령의 법은 어떤 법 입니까.

예수 그리스도 안에 있는 생명의 성령의 법은 예수님이 십자가에 먼저 돌아 가심으로 우리들에게 생명의 선물로 주신 계명. 예수님 안에서 내 부모님을 공경하라는 하나님의 약속 있는 복 받는 첫 계명을 말씀하고 있었던 것입니다.

왜냐하면. 귀한 생명을 선물로 주신 하나님과 부모님은 칭의와 친고죄의 특권과 권세와 능력이 있기 때문에 공경 하고 효도하면 무한대의 사랑과 은혜의 축복을 받으며 예수님처럼 옛 뱀의 악한 죄악의 시험에서 이기며 승리하며 하나님의 아들이 되는 권세를 능력으로 당당하게 인정받게 되며 하늘보다 높으며 바다보다 넓으며 일만 달란트 보다 큰 사랑과 은혜의 값을 하나도 받지 않고 그저 주겠다는 사

랑과 은혜의 약속 입니다. (사 55:1-3 엡 6:1-3)

그러므로. 우리들은 아들이라 칭함을 감당치 못하겠으니 종이라 하옵소서 하며 정말 사랑의 종이 되어서 하나님과 부모님을 공경하며 효도하며 그 이름을 영화롭게 하며 삼위 일체 가족의 사랑의 약속을 죽음으로 완성하면. 아무도 우리들을 종이라 말하지 못하며 하나님과 부모님의 아들이 되는 자격을 예수님처럼 능력으로 당당하게 인정 받을 수가 있습니다. (눅 15:12-21 롬 1:4 빌 2:5-8)

14. 칭의와 친고죄는 하나님과 부모님에게 있었습니다.
(사 43:11 43:25)

하나님과 부모님이 나의 죄악을 보지 않으며 돌아온 탕자처럼 칭의와 친고죄의 특권으로 아들로 삼아 주셨을 찌라도 칭의는 아직 까지는 의로운 사람들은 아니지만 의롭다 하시며 죄가 있지만 죄를 보지 않겠다는 뜻이기 때문에 우리들은 아직 까지는 여전히 죄인 입니다. (마 5:26)

그러므로. 자신의 죄악을 눈물로 완전히 회개하고 돌아온 탕자처럼 우리들은 여전히 죄인이기 때문에 아들이라 칭함을 감당치 못 하겠으니 종이라 하옵소서 하며 정말 사랑의 종이 되어서 더 심한 것이 생기지 않도록 다시는 죄악을 범하지 않으며 하나님과 부모님에게 영광과 찬송과 경배를 드리며 그 이름을 영화롭게 해야 합니다. (눅 15:11-32)

왜냐하면 또 다시 하나님과 부모님의 사랑과 은혜를 잊어 버리고 망령되고 악하게 또 다시 죄악을 범하면 아들의 직분을 잃어 버리며 하늘 보다 높으며 바다 보다 넓으며 일만 달란트 보다 귀한 생명을 선물로 주시며 이름을 지어서 불러 주신 하나님과 부모님의 사랑과 은혜의 값을 피 값과 생명 값으로 갚아야 하기 때문 입니다. (마 5:26)

15. 하나님이 우리들의 부모님이 되어서 십자가에서 먼저 돌아 가심은 길이 참으시는 중에 전에 지은 죄를 간과 하심으로 자신의 의로움을 우리에게 나타내려 하심 입니다.

예수님이 우리들의 죄악을 대신 담당하며 십자가에서 돌아 가시며 무덤에서 부활하심을 믿는 자는 하나님과 부모님이 생명을 선물로 주신 값과 사랑과 은혜의 값과 보배 피의 값을 하나도 받지 않고 거저 주시며 전에 지은 죄도 보지 않고 간과 하심으로. 하나님과 부모님의 의로우심을 우리들에게 나타내려 하심 입니다. (롬 3:21-26 고후 5:21)

왜냐하면. 하나님과 부모님은 칭의와 친고죄의 특권과 권세와 능력이 있기 때문에 아들로 삼아 주시며 의롭다 하시면 아무도 모세의 옛 계명으로 우리들을 죄악으로 정죄할 수가 없었기 때문 입니다. (사 43:11 43:25)

그러나. 자신들의 옛 죄악의 무서움을 알지 못하고 망령되고 허탄한 사탄의 악한 신화를 믿으며 악하고 음란한 악한 세대의 악한 풍습과 악한 습관을 깨끗하게 버리지 않으면 아들의 직분을 모두 잃어 버리게 되며 죄값을 피 값으로 생명 값으로 자신이 모두 갚아야 합니다. (계 21:7-8)

 왜냐하면. 개가 토한 것을 도로 다시 먹으며 돼지가 깨끗하게 씻었다가 더러운 구덩이에 다시 들어 가면 깨끗하게 씻은 것이 아무 소용 없기 때문 입니다. (벧후 2:20-22)

16. 그런즉 우리가 하나님과 부모님의 사랑과 은혜를 믿음으로 말미암아 율법과 계명을 폐하느뇨 그럴 수가 없느니라 도리어 율법과 계명을 더욱 굳게 세우느니라. (롬 3:31)

 우리들이 하나님과 부모님의 사랑과 은혜를 믿음으로 말미암아 율법과 계명을 폐하지 않으며 도리어 율법과 계명을 예수님처럼 굳게 세우며 온전히 완성해야 합니다.
자신들의 옛 죄악을 눈물로 완전히 회개하며 돌아온 탕자처럼. 하나님과 부모님의 동등 됨을 취하지 않으며 아들이라 칭함을 감당치 못하겠으니 종이라 하옵소서 하며 정말 사랑의 종이 되어 영광과 찬송과 경배를 드리며 그 이름을 영화롭게 해야 합니다. (빌 2:5-8)
 왜냐하면. 하나님과 부모님의 존귀한 아들로 지음을 받은 사람이 멸망 당하는 짐승들도 범하지 않는 무서운 죄악을 범하면 율법과 계명이 없더라도 죄악을 용서 받을 수가 없으며 죄 값을 피 값으로 생명 값으로 곱하기 하여 갚아야 하며 도리어 하나님의 아들이기 때문에 더욱 무서운 가중 처벌을 당하게 됩니다. (욥 12:7-8)

왜냐하면. 하나님과 부모님의 아들된 사람들은 믿음으로 말미암아 율법과 계명을 폐하지 않으며 도리어 예수님처럼 율법과 계명을 굳게 세우며 율법의 일 점 일 획이라도 없어지지 않고 완성해야만 하는 막중한 책임과 의무와 사명이 있다는 사실을 명심해야 합니다. (히 8:10-13)

17. 황소와 염소의 피가 부정한 자에게 뿌려 그 육체가 정하여 거룩하게 하거든 하물며 영원하신 성령으로 말미암아 흠없이 자기를 하나님께 드린 그리스도의 피가 어찌 너희 양심으로 죽은 행실에서 깨끗하게 하고 살아 계신 하나님을 섬기게 못 하겠느냐. (히 9:13-14)

옛 사람들은 황소와 염소의 죽음 앞에서도 동물의 생명의 귀중함을 깨달아서 자신의 옛 죄악을 눈물로 완전히 회개하며. 귀한 생명을 선물로 주시며 이름을 지어서 불러주신 하나님과 부모님 앞에서 자신들의 무서운 죄악을 눈물로 완전히 회개 하였습니다. (히 9:22 10:3-4)

그런데 하물며 영원하신 성령으로 말미암아 자신의 생명

을 하나님께 드린 예수님의 보혈과 피의 공로를 잘 알고 있으면서도. 귀한 생명을 선물로 주시며 이름을 지어서 불러 주신 하나님과 부모님의 거룩한 언약의 피를 부정한 것으로 욕하며 은혜의 성령을 욕되게 하며 삼위일체 가족의 사랑의 약속을 배반하는 자들이 당연히 받을 형벌이 얼마나 더 중하겠는가를 다시 한번 더 틀림 없이 분명하게 생각해 보아야 할 것입니다.(히 10:29 유 1:3)

18. 내가 이스라엘 집으로 세울 언약은 이것 이니 하나님의 선한 양심의 법을 저희 생각과 마음에 두며 하나님의 선한 양심의 법을 기록 하리라. (히 8:10-13 렘 31:31-34)

 하나님이 주신 새 계명은 옛 계명과 같이 돌 판에 새긴 계명이 아닙니다. 우리들의 마음과 생각과 양심에 기록한 하나님의 선한 양심의 계명 입니다. (요일 2:7)
 하나님의 선한 양심의 계명은 태초부터 우리들에게 주신 하나님의 선한 양심의 계명이기 때문에 하나님의 선한 양심을 속일 수가 있는 사람은 세상에 아무도 없었습니다.
 하나님의 선한 양심의 계명은 하나님이 주신 것이기 때문에 우리들은 자신의 선한 양심의 계명을 이미 잘 알고 있으며 자신의 입으로 자신의 죄악을 하나님 앞에서 그대로 직고하게 될 것이기 때문 입니다. (롬 14:7-12)

그러므로. 각 나라 사람들과 각 나라 모든 백성들과 형제에게 하나님의 계명에 대하여 말하며 설명할 필요가 없습니다. 왜냐하면 하나님의 선한 양심의 계명은 세상의 모든 사람들이 잘 알고 있기 때문이며 하나님의 온전한 의에 이르는 계명이며. 홍익인간과 경천애인과 권선징악과 공평한 공의의 계명이며 하나님의 약속 있는 복 받는 첫 계명의 약속이기 때문 입니다. (마 22:37-40 막 12:30-34)

하나님의 심판의 계명은 무엇이 든지 남에게 대접을 받고자 하는 대로 너희도 남을 대접 하라는 예수님의 황금률의 계명이며. 자기 자신이 행한 그대로 자신들이 심판을 받게 되며 무엇이 든지 자신들이 남에게 행한 그대로 곱하기 하여 자신들이 받게 될 것입니다. (마 25:31-46)

그러므로. 귀한 생명을 선물로 주신 하나님과 부모님의 사랑과 은혜를 배반하면 귀한 생명을 선물로 받을 수가 없다는 것이. 하나님의 선한 양심의 계명과 예수님의 황금률의 계명 입니다. (욥 1:15 마 7:12)

하나님의 선한 양심의 계명과 예수님의 황금률의 계명은 어느 누구도 거부할 수가 없으며 어느 누구도 거절할 수가 없는 하나님의 완전한 심판의 계명이 될 것입니다.

왜냐하면. 자신의 유익과 영광과 찬송을 위해 일하면 육체로 부터 썩을 것을 심게 되며 육체로 부터 썩을 것을 거두며 하나님의 성령을 위하여 선과 의를 심는 자는 성령으로

186

부터 영생을 거둘 수가 있습니다. (롬 8:13 갈 6:7-8)

19. 하나님의 선한 양심의 계명은 모든 나라와 모든 백성들이 잘 알고 있기 때문에 또 다시 가르칠 필요가 없는 가장 완전한 하나님의 심판의 계명 입니다. (히 8:10-13)

이제 부터는 율법과 계명을 배우고 익히는 때가 아니라. 예수님처럼 우리들도 율법과 계명을 완성해야 할 때이며 30 배 60 배 100 배의 아름다운 열매를 거두어야 할 때이며 결실의 계절이기 때문에. 자신들이 심은 대로 하나님의 심판대 앞에 설 것입니다. (요 4:35-36 계 18:6)

사람들이 무엇을 심든지 심은 대로 거두게 되는 것이 하나님의 심판의 법칙이며 자신들이 심은 대로 곱하기 하여 30 배 60 배 100 배의 상과 벌을 받게 되는 것이 심판의 법칙 입니다. 그러므로 살인 방화 폭력 간음 도적질 거짓 증거하며 부모님을 거역하며 이웃에게 죄악을 행한다면 하나님도 두려워하는 무서운 공평하신 공의의 심판을 피할 수가 없을 것입니다. (말 4:6 갈 6:7-8 요 5:29)

그러므로. 하나님께 순복 하며 사탄을 대적하며 자신의 옛 죄악을 다시 기억하며 다시 생각하며 눈물로 완전히 회개하며 슬퍼하며 통곡하며 울어야 합니다. 나의 웃음을 애통으로 나의 즐거움을 근심으로 바꾸며 악하고 음란한 악한 세대의 악한 습관과 악한 풍습을 자신의 배설물처럼 깨끗 하게 버리며. 하나님과 부모님 앞에서 슬퍼하며 통곡 하며 울어야 합니다. (약 4:8-9)

왜냐하면. 모세의 옛 계명을 예수님처럼 완전하게 완성 하면 옛 계명은 낡아지며 쇠하며 점점 없어지지만. 완성하지 못하고 다시 죄악을 범하면 눈 덩어리처럼 점점 크게 자라서 죄값을 피 값으로 생명 값으로 곱하기하여. 자신이 모두 갚아야 하는 것이 하나님의 공평하신 공의에 심판의 계명이기 때문 입니다. (마 5:26 7:12 히 8:13)

20. 옛 계명은 연약하며 무익함으로 폐하고 (율법은 아무 것도 온전케 못하니) 이에 더 좋은 소망이 생기니 우리 들이 이것으로 하나님께 더 가까이 나아 가느니라.

(렘 17:9-10 히 7:18-19 10:3-4)

악한 사탄은 사람들의 마음은 심히 악하고 부패하기 때문에 그 어떤 사람들도 모세의 십계명을 완성할 수가 없다고 말하면서 모세의 옛 계명을 철옹성처럼 자랑 하였습니다.

그러나 모세의 옛 계명은 어린 아이들을 가르치는 가장 기본적인 계명이며 연약하고 무익하며 아무것도 온전케 할 수가 없기 때문에. 예수님이 십자가에서 돌아 가심으로 법적으로 완전하게 폐하였으나. 하나님의 심판의 계명은 완전하게 없어진 것이 아니라 죄악을 행하는 악한 죄인들에게는 여전히 살아있는 하나님의 심판의 계명 입니다.

모세의 옛 계명은 사탄의 악한 거짓말에 속지 않도록 하기 위하여. 어렸을 때에 어린 아이들을 잘 훈육하며 잘 가르치기 위한 가장 기본적인 계명이며. 연약한 어린 아이들의 계명 입니다. (갈 3:19 3:23-25 4:1-7 딤전 1:9-10)

 장성한 어른들이 되면 어린 아이들의 교육을 받지 않으며 장성한 어른들의 교육을 받아야 함으로. 하나님의 영광을 위한 4 가지 계명을 예수님이 십자가에 돌아 가심으로 법적으로 완전 무결하게 완전하게 폐하였으며. 예수님께서 직접 말씀하신 장성한 어른을 위한 5 가지 계명과 하나님의 약속 있는 복 받는 첫 계명을 선물로 주신 것입니다.

 그러므로. 그리스도의 초보를 버리고 세상의 악한 풍습과 악한 습관을 배설물처럼 깨끗하게 버리고 하나님의 대한 믿음과 신앙과 세례와 안수와 죽은 자의 부활과 영원한 심판에 관한 교훈의 터를 다시는 닦지 않으며 범사에 예수 그리스도의 장성한 분량이 충만한 데까지 자라서 하늘에 계신 우리 아버지의 온전하심 같이 온전해 져야 합니다.

 (마 5:48 엡 2:13-16 4:13-15 히 6:1-6)

 21. 사탄이 철옹성처럼 자랑하는 옛 계명의 첫 계명을 폐하여도 사탄이 하나님께 아무 말도 할 수가 없는 중요한 이유는 무엇 때문 입니까. (갈 3:15 딤후 2:5)

예수님은. 하나님의 선하시며 기뻐하시며 온전하신 법대로 정당하게 완전하게 폐함으로. 사탄은 하나님과 예수님에게 아무 말도 할 수가 없었던 것입니다. (엡 2:13-16)

왜냐하면. 예수님을 아무 죄도 없이 무고하게 정죄하여 십자가에 못박아 죽임으로 옛 계명의 무익함을 사탄이 스스로 증명 하였기 때문에 사탄은 아무 말도 할 수가 없었던 것입니다. 그리고 약속의 효력은. 약속한 사람이 살아 있을 때에는 약속의 효력이 있으나. 약속한 사람이 죽으면 약속의 효력도 함께 없어지기 때문 입니다. (롬 7:1-2)

유언의 효력은. 그 반대로 유언한 사람이 살아 있을 때에는 유언의 효력이 없으나. 유언한 사람이 죽으면 유언의 효력은 즉시 나타나게 됩니다. (히 9:16-17)

예수님은. 옛 계명의 당사자 인데도 무고하게 정죄하여 십자가에 못 박아 죽임으로. 옛 계명의 무익함을 사탄이 스스로 증명 하였기 때문에 옛 계명의 효력이 즉시 없어지게 되었습니다. (요 1:1-3 고후 5:21 골 1:13-17)

그러므로. 예수님의 죽으심과 함께. 너는 나 외에는 다른 신을 네게 있게 말지니라 하는 모세의 옛 계명은 자연적 으로 없어지게 되었으며. 예수님이 삼위일체 사랑의 약속을 죽음으로 완성하신 것처럼. 예수님 안에서 내 부모님을 공경 하라는 하나님의 약속 있는 복 받는 첫 계명을. 예수님이 십자가의 유언의 약속으로. 우리들에게 직접 선물로 주신

것입니다. (사 55:1-3 엡 6:1-3)

 사탄이 철옹성처럼 자랑하는 옛 계명을 폐하며. 하나님의 약속 있는 복 받는 첫 계명을 선물로 주시는 하나님의 사랑과 은혜의 비밀을 사탄이 만일 알았더라면. 영광의 예수님을 무고하게 이단자로 정죄하여. 십자가에 못박아 죽이지는 않았을 것입니다. (고전 2:6-8)

22. 옛 계명에서 발생한 매우 중요한 흠은 무엇 입니까.
(히 8:7 10:9)

 하나님은 죄인들과 함께 할 수가 없었으며 의인들과 함께 해야 하는데도 우리들이 죄인 되어서 에덴 동산에서 쫓겨 났을 때에도 하나님 자신의 생명 보다 우리들의 생명을 더 많이 사랑하고 있었다는 것이 옛 계명에서 발생한 중요한 흠이 되었습니다. (시 101:6-8 요 3:16-17)

 그러므로. 하나님과 부모님의 아들 삼으신 우리들을 아무도 계명으로 정죄 하지 못하게 하기 위하여 내 앞에 다른 신을 네게 두지 말라 하는 모세의 첫 계명을 하나님의 법대로 공정하게 폐하며 내 부모님을 공경하라는 하나님의 약속 있는 복 받는 첫 계명을 선물로 주시며 하나님 앞에 아들 삼으신 우리들을 먼저 두시며 아무도 우리들을 계명으로 정죄하지 못하게 하려고 사랑의 종이 되어서 우리들을 먼저 섬기고 있었던 것입니다. (고후 4:4-5)

23. 부모님에게 제사장의 직분을 선물로 주었습니다.

(히 7:11-12)

레위 지파는 토지를 분배 받지 않고 토지를 분배 받은 열 한 지파 에게서 토지의 세금으로 십일조를 받았으며 열한 지파 에게 받은 열한 개 중에서 아홉 개는 생활하고 나머지 두 개 중에서 하나는 성전 일을 행하며 하나는 힘들고 불쌍한 사람을 도와 주라고 하였으나. 고아와 과부와 가난한 사람들의 일용할 양식을 도둑질하며 거짓말하며 심히 부패하며 타락함으로 레위 지파는 하나님 앞에서 온전함을 얻지 못함으로 제사장의 직분을 잃어 버리게 되었습니다.

레위 지파가 심히 부패하며 타락함으로 제사장의 직분을 잃어 버렸으며 한 사람의 제사장으로 가장이 되는. 우리의 부모님이 아담의 뒤를 이어서 또 다시 제사장이 되었습니다.

(신 14:28-29 민 18:26 호 4:6-7 막 12:40)

왜냐하면. 부모님은 삼위일체 사랑의 가정의 가장이기 때문에 어두운 죄악 가운데 있는 자녀들을 불러내며 하나님의 기이한 빛 가운데 들어가게 하신 예수님의 아름다운 덕을 선전하는 제사장의 직분을 아담의 뒤를 따라 부모님에게 다시 선물로 주신 것입니다. (벧전 2:9)

왜냐하면. 내 부모님을 공경하라는 하나님의 약속 있는 복 받는 첫 계명을 우리에게 선물로 주었기 때문에. 하나님의 계명과 제사와 축복과 구원하는 방법이 변하게 되는 것은

당연한 것이기 때문 입니다. (엡 6:1-3 히 7:12)

24. 살렘 왕 멜기세덱은 우리들의 부모님 입니다.

창세기에 나오는 살렘 왕 멜기세덱은 아브라함의 10 대 할아버지가 되는 셈 할아버지이며 부모님의 부모님이 되는 셈 할아버지는 아브라함과 그의 조카 롯에 대한 이야기를 들었으며. 힘든 싸움을 하는 아브라함을 도와주기 위하여 떡과 포도주를 준비 하였던 것입니다. (히 5:11-14)

셈 할아버지는 대홍수 후에도 오백 년을 살았으며 85 세의 아브라함은 475 세의 지극히 높으신 하나님의 제사장 셈 할아버지에게 전쟁에서 빼앗은 전리품의 십 분의 일을 전쟁의 희생자들을 위한 속죄의 제물과 승리에 대한 감사의 제물로 하나님께 드린 것입니다. (창 11:10-11)

예수님은 영원히 살아 계심으로 대 제사장이며. 부모님의 부모님이 되는 셈 할아버지는 삼위일체 사랑의 가정의 가장 이며 제사장이 되기 때문 입니다. 예수님과 멜기세덱은 대 제사장과 제사장의 직분으로 확실하게 분별할 수가 있었던 것입니다. (창 14:18 14:21-24 히 5:5 7:11 7:24-26)

아브라함은. 힘든 전쟁을 하고 있는 조카 아브라함에 대한 이야기를 듣고서 도와 주려고 찾아온 하나님의 제사장 셈 할아버지를 공경하며 효도하기 위하여 전쟁에서 빼앗은 전리품의 십 분의 일을 전쟁을 위한 속죄의 제물과 하나님께 드리는 감사의 제물로 제사장 셈 할아버지에게 드리고 아브라함 자신은 아무 것도 가지지 않았던 것입니다.

25. 멜기세덱에 대하여 말하지 않은 중요한 이유는 무엇 때문 입니까. (고전 3:1-3 벧전 2:9 히 5:11-14)

때가 오래므로 너희가 마땅히 선생이 되어야 할 터 인데도 하나님의 말씀의 초보가 무엇인지 도리어 누구에게 가르침을 받아야 하는 미숙한 어린 아이들이 되었기 때문에 부모님으로 오신 예수님을 죽였으며. 하나님이 아닌 자를 하나님으로 섬기며 젖이나 먹으며 단단한 식물을 먹기를 거부하는 어린 아이와 같음으로 말하여도 알아 듣지 못할 것이며 자신들의 부모님을 하나님의 제사장으로 인정하지 않으며 불효할 것이기 때문에 어린 아이와 같은 어리석은 자들에게 하나님의 진리의 말씀과 영원한 복음과 심판과 천국과 부활과 영생과. 하나님의 약속 있는 복 받는 첫 계명과 사망에서 생명을 구원하는 생명의 말씀에 대하여 설명하지 못하는 답답함 때문에 젖으로 먹이며 밥을 먹일 수가 없어서 소설과 드라마와 만화와 전설과 비유로 말씀하며 슬퍼 하며 눈물을 흘리며 통분히 여겼던 것입니다.

   (마 13:34-35 눅 8:10 요 11:33-42 유 1:3)

왜냐하면. 예수님의 참 복음과 참 예배와 참 계명과 참 진리와 참 빛과 참 하나님과 참 생명의 말씀이 세상의 권세 잡은 악한 자와 가짜 선지자와 가짜 선생들의 악한 거짓말에 의하여 많이 변형 되었기 때문에. 어린 아이와 같은 어리 석은 자에게 과학적 수학적 율법적 도덕적 성경적 합리적 역사적 논리적으로 설명할 수가 없는 안타까움 때문에 슬퍼하며 눈물을 흘렸던 것입니다. (마 13:14-15)

26. 우리들은 사탄의 악한 죄악의 수건을 나의 얼굴에서 빨리 벗어 버려야 합니다 그리고 하나님의 생명의 말씀을 다시 한번 더 자세하게 천천히 읽어 보아야 합니다.

(고후 3:13-18 빌 3:18-19)

어리석은 백성들은 구약 성경과 신약 성경을 읽으면서도 죄악의 수건을 얼굴에 쓰고 있었기 때문에. 자신의 눈으로 보아도 부모님으로 세상에 다시 오신 예수님을 알아보지 못하고. 하나님의 생명의 말씀을 들어도 깨닫지 못함으로. 성경을 꺼꾸로 읽으며. 하나님과 부모님의 사랑과 은혜를 배반하며 거역하며 불효하며 무고하게 정죄하여 십자가에 못 박아서 죽였으며. 오늘도 무서운 살인자의 죄악을 범하고 있었던 것입니다. (마 13:15 15:3-9 롬 10:3 유 1:3)

하나님이 원하는 것은 돌아온 탕자처럼. 자신들의 옛 죄악을 눈물로 완전히 회개하며 참 사랑의 종이 되어서 미움 원망 욕심 욕함 거짓 싸움의 독사의 독이 가득 들어 있는 죄악의 열매를 입으로 받아 먹지 않으며 아무 에게도 아무 빚도 지지 않으며 살인 간음 도적질 거짓 증거하지 않으며. 부모님을 공경하며 이웃에게 악을 행하지 않으며 경천 애인과 홍익 인간의 계명을 완성하는 것입니다.

우리들은 그리스도의 초보를 버리고 나의 얼굴에 사탄의 악한 죄악의 수건을 벗어 버리고 하나님의 선한 분별력과 지식과 지혜와 총명함과 하나님의 선한 양심의 계명을 가지고 하나님에 대한 신앙과 세례와 안수와 죽은 자의 부활과 영원한 심판에 관한 교훈의 터를 다시 닦지 않으며 원망하며 싸우지 않으며. 하나님의 온전하심 같이 온전한 데로 나아 가기를 항상 힘써야 합니다. (히 6:1-6)

왜냐하면. 미움 원망 욕심 욕함 거짓 싸움의 독사의 독이 가득 들어있는 죄악의 열매를 입으로 계속하여 받아 먹으면. 하나님과 부모님의 얼굴을 눈으로 보아도 하나님과 부모님의 얼굴을 알아 볼 수가 없기 때문 입니다.

그러므로. 오늘날까지 우리들의 얼굴을 덮고 있는 사탄의 악한 죄악의 수건을 빨리 벗어 버려야 합니다.

예수 그리스도 안에서 자신의 완고한 마음을 벗어 버리고 성경을 다시 한번 더 자세하게 읽어 보아야 하며. 하나님의 선하시며 기뻐하시며 온전하신 뜻이 무엇인지 확실하게 분별할 수가 있어야 합니다. (롬 12:2)

27. 성경책을 기록한 마지막 목적은 무엇 입니까.

 하나님은. 삼위일체 사랑의 가정을 만들어서 짝지어 축복하여 주었으나 아담과 하와는 선악과를 먹고 두려워하며 삼위 일체 가족의 사랑의 약속을 죽음으로 완성하지 못하고. 삼위일체 사랑의 약속을 배반함으로 죽게 되었습니다.

 아담과 하와가 두려워함으로 잃어버린 삼위일체 사랑의 약속을. 예수님이 다시 완성하기 위하여 우리들의 부모님으로 세상에 다시 오셨으며. 사탄의 사망 권세를 이기고 십자가에서 승리함으로. 삼위일체 가족의 사랑의 약속을 예수님처럼 죽음으로 완성 하라고. 예수님 안에서 내 부모님을 공경하라는 하나님의 약속 있는 복 받는 첫 계명을 우리에게 다시 선물로 주신 것입니다. (요 20:31 계 21:7-8)

 왜냐하면. 사랑과 은혜의 하나님 앞에서 짝지어 축복하신 영원한 사랑과 은혜의 약속을 배반하면. 하늘의 천사들도 용서함을 받지 못하며 죽게 되는 것은 매우 당연한 것이기 때문 입니다. (아 8:5-7 마 7:12 유 1:3)

15. 예수님은 율법의 완성자 입니다.

나는 아무것도 스스로 할 수 없노라 듣는 대로 심판 하노니 나는 나의 원대로 하지 않으며 나를 보내신 이의 원대로 하려는 고로 내 심판은 의로우니라. (요 5:30 10:18)

예수님은 마음대로 할 수가 있는 자유 함이 있어도. 예수님을 세상에 보내신 하나님의 선하신 뜻을 확실하게 분별 하기 위하여 밤이 깊도록 간절히 기도함으로 하나님과 부모님의 선하신 뜻을 확실하게 분별하여 준행하기를 힘 썼기 때문에 우리들도 하나님과 부모님의 선하신 뜻을 확실하게 분별하여 선과 의를 행하기를 힘써야 합니다.

그러므로. 하나님과 부모님이 우리들에게 개떡 같이 말할지라도 찰떡 같이 알아 들을 수가 있는 하나님의 놀라운 지식과 지혜와 총명함이 있어야 합니다.

왜냐하면. 사람들의 마음은 만물보다 심히 부패하며 심히 악하며. 그 말이 좋을 지라도 믿지 말 것은 그 마음에 일곱 가지 가증한 악한 죄악이 들어 있으며. 이웃도 믿지 말고 친구도 의지하지 말고 내 품에 누운 여인 에게도 내 입의 문을 지키며. 자기 자신의 마음과 생각 까지도 믿지 않으며 의심하며 확인하며 확정하며 늘 점검해 보아야 합니다.

 왜냐하면. 사람들이 예수님을 찾는 까닭은 동서 고금과

만고불변과 홍익인간과 경천애인과 영원한 진리의 계명과 표적과 기사를 보았기 때문이 아니요 떡을 먹고 배 부르며. 세상의 부귀 영화와 권세와 돈과 물질을 원함으로 예수님을 찾아 왔었던 것입니다. (요 6:26)

예수님은 제사장과 장로와 베드로 까지도 세상의 악한 부귀 영화와 권세를 위하여. 옛 뱀의 악한 거짓말을 할 수가 있다는 것을 알고 있었으며 사람들의 마음 속의 간사함과 연약함과 악함을 먼저 알고 있었기 때문에. 그 몸을 사람들에게 의탁할 수가 없었던 것입니다. (요 2:24-25)

우리들은 살아계신 하나님 아버지와 천국과 부활을 자신의 마음으로 먼저 믿음으로 세상의 부귀 영화와 권세를 우상으로 섬기지 않으며. 하나님과 부모님을 공경하며 효도하며 영광과 찬송과 경배를 드리며 그 이름을 영화롭게 하기를 항상 힘써야 합니다. (롬 1:17 유 1:3)

☆ 예수님처럼 부모님을 먼저 공경해야 합니다.

1. 육신의 부모님이 예수님의 말씀을 아직 알지 못할 때에도. 예수님은 부모님을 먼저 공경 하였으며 하나님 아버지의 선하신 뜻을 알지 못할 때에도 예수님은 죽기까지 순종 하였습니다. (눅 2:50-52)

2. 예수님의 때가 아직 이르기 전에도 육신의 어머니 마리아의 말씀에 먼저 순종하여 가나의 혼인 잔치에서 물로서 포도주를 만드는 첫 번째 표적을 행하며 부모님을 먼저 공경 하였습니다. (요 2:1-11)

3. 예수님은 언제나 자신의 뜻대로 할 수가 있는 자유함이 있었으나 자신의 뜻대로 하지 않으며 하나님 앞에서 밤이 깊도록 간절히 기도함으로. 하나님의 선하시며 기뻐하시며 온전하신 뜻을 확실하게 분별하여 준행하기를 항상 힘썼습니다. (요 5:30 7:16-19)

4. 예수님을 선한 선생님 이라고 부를 때에도 하늘에 계신 하나님 아버지 외에는 선한 분이 없다 하시며. 예수님 위에는 하나님이 있다는 것을 항상 잊지 않고 기억 하였으며 하나님을 먼저 높이며 자신을 낮추었습니다. (마 19:19)

5. 예수님은 자신이 집을 지어도 자신의 집이라 하지 않으며 내 아버지 집이라 하였으며. 우리들이 거할 처소를 예비하면 예수님이 다시 와서 아버지 집으로 영접 하겠다고 약속 하였습니다. (요 14:1-4)

6. 예수님은 세상의 마지막 날에 대하여 하늘의 천사도 알지 못하고 아들도 알지 못하고 오직 아버지만 아신다 하시며. 세상 마지막 심판의 날에 대한 아버지의 절대적인

주권을 강조 하였습니다. (마 24:36)

7. 예수님은 항상 아버지의 선하신 뜻대로 준행 하였으며. 아버지의 선하신 뜻을 알지 못한다 할지라도 아버지의 선하신 뜻을 믿으며 사랑의 종이 되어 삼위일체 사랑의 약속을 죽음으로 완성 하였습니다. (마 26:39)

8. 예수님은 십자가의 죽음의 고통 속에도 먼저 어머님을 염려하며. 제자 요한에게 어머니의 안전을 부탁하며 삼위일체 사랑의 약속을 완성 하였습니다. (요 19:26-27)

9. 예수님은 십자가의 마지막 죽음의 순간 까지도 아버지의 사랑과 은혜의 약속을 믿으며 아버지 내 영혼 아버지 손에 부탁 하나이다 하시며. 십자가에 돌아 가심으로 예수님은 사탄의 죽음과 사망 권세를 이기며 최후 승리를 얻었습니다. (눅 23:46 롬 1:17 고전 15:51-57)

10. 우리들도 예수님처럼 아버지의 선하신 뜻을 모두 알지 못한다 할지라도 선하신 뜻을 끝까지 믿으며. 사랑의 종이 되어 삼위일체 가족의 사랑의 약속을 예수처럼 죽음으로 완성할 결심을 먼저 하고 있으면. 사탄의 사망 권세를 이기며 승리할 수가 있습니다. (요 3:16-21 행 2:21)

O 삼위일체 사랑은 사망 권세를 이길 수가 있습니다.

삼위일체 가족의 사랑의 약속은 영원하며 사탄의 사망 권세를 이기며 승리할 수가 있기 때문에 하나님은 삼위일체 사랑의 가정을 만들어 짝지어 축복하여 주신 것입니다.

내가 천사의 말을 하며 세상의 모든 비밀과 지식과 예언하는 능력이 있어도 삼위일체 가족의 사랑의 약속을 배반하며 불효하면 거짓말하는 자요 믿음을 배반한 자요 불신자 보다 더 악한 자요. 또 내게 있는 모든 것으로 구제하고 또 내 몸을 불사르게 내어줄 지라도 하나님과 부모님을 거역하며 살인 간음 도둑질 거짓 증거하며 이웃에게 악을 행하며 동물과 악한 자을 먼저 사랑하면 악한 자들과 똑같은 악한 자들 입니다. (고전 13:1-7)

하나님과 부모님의 사랑과 은혜는 오래 참고 멀리 내다 보며 오래 기다리며 자랑하지 않으며 교만하지 않으며 무례히 행치 않으며. 자기의 유익을 구하지 않으며 성내지 않으며 악한 것을 생각지 않으며 불의를 기뻐하지 않으며 진리와 함께 기뻐하며 모든 것을 참으며 모든 것을 믿으며 모든 것을 바라며 모든 것을 견디는 것입니다.

왜냐하면. 하나님과 부모님의 특별한 사랑과 은혜의 약속은 언제까지 든지 떨어 지지 않으며 예언도 폐하고 방언도 그치고 지식도 폐하지만. 삼위 일체 가족의 특별한 사랑과 은혜의 약속은 영원하며 언제까지 든지 땅에 떨어지지 않으며 영원하기 때문 입니다. (고전 13:8-10)

그러나. 우리들이 말하는 것이나 깨닫는 것이나 생각하는 것이 어린 아이와 같으므로 어린 아이의 일을 버리고 장성한 사람들이 되어야 합니다.

우리들은 하나님과 부모님의 사랑과 은혜를 부분적으로 알며 부분적으로 기억하지만. 어린 아이의 일을 버리고 장성한 사람이 되면 어린 아이들이 하나님과 부모님의 사랑과 은혜를 아는 것 같이 겨우 1% 를 알지 않으며. 장성한 사람들과 같이 되어서 하나님과 부모님의 사랑과 은혜를 온전히 100% 모두 알 수가 있습니다. (고전 13:11-12)

그러나. 우리들은 아직 까지도 장성한 사람이 되지 못하고 어린 아이와 같아서 똑 같으나 똑 같지 않는 사탄의 가짜 허상에 속아서 살고 있으며 사탄의 악한 욕심의 곱하기의 속임수와 희미한 거울의 속임수에 속아서 반대로 행하며 꺼꾸로 행하며 하나님과 부모님의 원수로 행하며 부모님을 죽이는 살인자의 죄악에 동의 동조 동참하고 있었습니다.

왜냐하면. 거울을 보면 실물과 똑 같으며 똑 같아 보이지만 실제로는 반대로 보이며 꺼꾸로 보이기 때문에. 사도 바울과 같은 지혜로운 사람도 제사장과 장로들에게 속았으며 어리석은 자들과 같이 살인자의 죄악에 동의하며 동조하며 동참하고 있었던 것입니다. (요 2:16-17 행 7:51-53)

사탄의 악한 죄악의 수건을 그 얼굴에서 벗어 버리고 악한 죄악에서 자유 함을 얻으며 나의 믿음의 주요 또 우리들을 온전하게 하시는 믿음의 실상이 되는 하나님과 부모님을 먼저 공경하며 효도하며 하나님의 선하시며 기뻐하시며 온전하신 뜻을 먼저 분별하여 선과 의를 행하기를 항상 힘쓸 수가 있어야 합니다. (롬 12:2 고후 3:12-18 히 11:1-2)

그런즉 믿음 소망 사랑 이 세가지는 항상 있을 것인데 그 중에서 제일은. 삼위 일체 가족의 사랑의 약속이기 때문에 삼위일체 사랑의 가정을 완성하여 사망에서 생명을 구원 하는 의로운 지식과 지혜와 명철함을 배우며 예수 그리스도의 장성한 분량이 충만한 데까지 빨리 자라서. 사탄의 사망 권세를 이기며 삼위일체 가족의 사랑의 약속을 예수님처럼 죽음으로 완성할 수가 있어야 합니다. (고전 13:1-13)

☆ **거울은 실상이 아니라 허상이기 때문에 거울을 먼저 보면 자신의 얼굴을 먼저 보게 되며 자신을 우상으로 섬기며 하나님과 부모님의 원수로 행하게 됩니다. (요 5:41-44)**

우리들은 하나님과 부모님의 선하시며 기뻐하시며 온전한 뜻을 확실하게 분별하여 공경하며 효도함으로 사탄의 악한 거울의 속임수와 마술사들의 속임수에 속지 않으며 이기며 승리할 수가 있어야 합니다. (롬 12:2)

왜냐하면. 사도 바울과 같이 지혜로운 사람들도 세상의 왕과 족장과 제사장과 장로들의 희미한 거울의 속임수에 속아서 하나님과 부모님의 선과 의를 알지 못하고 자신들의 영광과 찬송을 위하며 하나님과 부모님의 원수로 행하고 있었던 것입니다. (요 5:44 눅 16:15 롬 10:3 빌 3:18-19)

자신들의 얼굴을 먼저 바라 보며 자신들의 배와 유익과 영광과 찬송을 위해 일하며 무서운 살인자의 죄악에 적극적으로 동참하는 맹신자가 되었으며. 거울의 속임수에 속아서 세상의 부귀 영화와 권세의 종 노릇 하며 정치인과 연예인과 운동 선수와 배우와 아이 돌을 우상으로 섬기며 음탕한 음욕의 시험에 빠져서 벌거벗고 다니며. 하나님과 부모님의 원수로 행하며 자신의 배와 영광과 찬송을 우상으로 섬기고 있었습니다. (눅 16:15 행 7:51-53)

사탄의 희미한 거울의 속임수에 속아서 반대로 행하며 죄악과 피 흘리며 싸우기를 무서워하며 가짜와 진짜를 분별하지 못하면 노아의 대 홍수 심판과 소돔과 고모라 성과 예루살렘 성처럼 멸망 당하게 될 것입니다.

☆ 예수님을 믿는다면 부모님을 믿는다는 것입니다.

예수님을 믿는다는 것은. 우리들에게 귀한 생명을 선물로 주시며 이름을 지어서 불러주신 하나님과 부모님의 하늘보다 높으며 바다보다 넓은 사랑과 은혜를 우리들이 마음으로 믿는다는 것입니다. (요 6:28-29 롬 1:17)

하나님과 부모님을 공경하며 아무 에게도 아무 빚도 지지 않으며. 살인 간음 도적질 거짓증거 하지 않으며 이웃에게 악을 행하지 않으며 오래 참고 멀리 내다보며 오래 기다리며 자랑하지 않으며 교만하지 않으며 항상 기뻐하며 쉬지 않고 기도하며 범사에 감사하며 악은 모든 모양 이라도 버리는 것입니다. (마 5:48 엡 4:13-15 살전 5:16-22)

그러므로. 우리들은 예수 그리스도의 장성한 분량이 충만한 데까지 빨리 자랄 수가 있어야 하며 하늘에 계신 우리 아버지의 온전하심 같이 온전해 질 수가 있어야 합니다.

☆ 예수님처럼 율법의 완성자가 되어야 합니다.

세상의 모든 것을 완성 하였다 하여도 삼위 일체 사랑의 가정을 완성하지 못하면 모든 것을 잃어 버리게 되며. 세상의 모든 것을 잃어 버렸다 해도. 삼위일체 사랑의 가정을 완성하면 모든 것을 다시 찾을 수가 있기 때문 입니다.

예수님처럼. 하나님과 부모님의 동등 됨을 취하지 않으며 자신을 비워서 종의 형체를 가지고 자신을 스스로 낮추며 돌아온 탕자처럼 아들이라 칭함을 감당치 못하겠으니 종이라 하옵소서 하며. 정말 사랑의 종이 되어서 하나님과 부모님을 공경하며 영광과 찬송과 경배를 드리며 그 이름을 영화롭게 하며 선과 의를 행하기를 힘써야 합니다.

왜냐하면. 모든 일을 마치고 집으로 돌아온 종처럼 하나님과 부모님을 공경하며 오늘 내가 해야 할 일이 무엇인지 물어보며. 그 일까지 기쁨으로 행하며 나는 무익한 종이라 내가 해야 할 일을 주인의 명령에 따라 행한 것 뿐이라 하며 자신을 낮출 수가 있어야 합니다. (눅 17:7-10)

왜냐하면. 하나님과 부모님의 생각은 우리들의 생각과 다르며 그 길은 우리들의 길과 달라서 하늘이 땅보다 높음 같이 하나님과 부모님의 길은 우리들의 길보다 높으며 그 생각은 우리들의 생각보다 높기 때문에. 하나님과 부모님 앞에서 예수 그리스도처럼 낮아 짐으로 하나님과 부모님을 자신의 눈으로 직접 볼 수가 있으며 사탄의 악한 거짓말에 속지 않으며 승리할 수 있으며. 아들이 되는 자격을 예수 그리스도처럼 능력으로 당당하게 인정 받을 수가 있어야 하기 때문 입니다. (사 55:1-9 롬 1:4 빌 2:5-8)

왜냐하면. 지금 까지는 우리들의 죄악을 사하여 주며 용서해 주었으나 지금 부터는 악한 자들의 악한 죄악이 하늘에 사무침으로 노아의 대홍수 심판과 소돔과 고모라 성과 니느웨 성과 예루살렘 성처럼 그들의 죄악을 사하여 주지 않으며 기억할 것이기 때문 입니다. (계 18:5)

16. 은하계의 초 신성의 폭발.

텔레비전에서 은하계의 초 신성이 폭발하며 그 주위에 있던 많은 별들도 함께 폭발 하며 그 자리에는 먼지만 가득한 텅 빈 공간이 되었습니다.

만약에 초 신성 주위에 있던 수 많은 별들 중에서 지구와 같은 생명체가 살고 있는 별이 있었다면 초 신성 폭발과 함께 하루 만에 모두 멸망 당하였을 것입니다. (계 18:8)

노아의 대 홍수 심판 때에도 오늘날과 같이 약 70 억에서 80 억이 살고 있었지만. 의인 노아의 가족 8 명만 구원 받은 이유는 의인 노아의 가족들은 삼위일체 사랑의 가정을 완성하여 아버지 노아를 공경하며 효도하며 대홍수 심판에 대한 이야기를 들었으며 부모님과 가족들이 모두 함께 힘을 합하여 백 년 동안 방주를 만들었기 때문에. 겨우 구원함을 얻게 되었습니다. (벧전 4:18)

의인 노아의 가족 8 명 외에는. 하나님과 부모님을 거역하며 불효하며 세상의 부귀 영화와 권세를 우상으로 섬기며 술 취하며 음욕에 취하며 마약에 취하여 살인 간음 도적질 거짓 증거하며 이웃에게 악을 행함으로. 하나님과 부모님의 얼굴을 볼 수가 없었으며. 사탄의 악한 거짓말에 속아서 죄악을 행함으로. 소돔과 고모라 성과 니느웨 성과 예루살렘 성처럼 멸망 당하게 되었던 것입니다.

우리들은 하나님의 선하시며 기뻐하시며 온전하신 뜻이 무엇 인지 분별할 수가 있는 지혜를 구해야 합니다.

하나님과 부모님을 먼저 공경하며 효도하며 그 이름을 영화롭게 하며 항상 기뻐하며 쉬지 않고 기도하며 범사에 감사하며 악은 모든 모양 이라도 버리며. 오래 참고 멀리 내다보며 오래 기다리며. 자신들의 유익과 배와 영광과 찬송을 먼저 구하지 않으며 많은 사람들의 유익을 먼저 구해야 합니다. (눅 16:15 요 5:44 고전 10:24 빌 3:18-19)

O 광야 길을 걸으며 계속하여 불평하며 원망하면 하나님 앞에서 확실하게 증거하며 증명해야 할 것입니다.!!!

(미 6:2-3)

여호와의 말씀과 생각은 우리들의 말과 생각과 다르며. 여호와의 길은 우리의 길과 달라서 하늘이 땅보다 높음 같이 우리들의 길보다 높으며 우리들의 생각보다 높은 데도 고난과 고통과 핍박과 채찍과 죽음의 불 시험 가운데서 하나님과 부모님에게 순종함과 공경함을 배우지 못하고 악한 꾀에 빠져서 사랑과 은혜를 악하게 시험하며 불효하면 용서함을 받지 못하게 됩니다. (사 55:8-9)

하나님은 애굽 땅에서 종 노릇 하면서 말로 다할 수가 없는 고통과 고난을 당하며 크게 부르짖어도 멸망 당해야 할 곳에서 출애굽 백성들을 불쌍히 생각하며 사랑과 은혜로 구원하여 주었으며. 애굽의 수많은 군병의 창과 칼에 죽게 된 것을 구원하여 주었으며 불 뱀에 물려서 죽게 된 것을 다시 살려 주었으며 만나와 메추라기를 주어서 배부르게 먹여 주었으며. 반석에 물이 나오게 하여 물을 마시게 하였으며 불 기둥으로 인도하며 구름 기둥으로 안전하게 인도하여 주었으며. 낮의 해와 밤에 달이 너를 상하지 못하도록 보호하여 주었으나. 귀한 생명을 선물로 주시며 이름을 지어서 불러주신 하나님과 부모님의 하늘보다 높으며 바다 보다 넓으며 일만 달란트 보다 큰 사랑과 은혜를 잊어 버리고. 도리어 자신들을 고생 시키며 괴롭게 하였다고 불평하며 악하게 시험하며 사랑과 은혜의 약속을 배반하면. 출애굽 백성들처럼 광야와 같은 험한 세상에서 구원받지 못하고 죽게 될 것입니다. (출 2:23-25 신 8:2-6 8:16-18)

☆ 악한 자 들이 살아 있는 이유는 무엇 입니까

어리석은 출애굽 백성들 같이. 하나님과 부모님의 사랑과 은혜를 악하게 시험하며 불효하며 거역하며 광야와 같은 힘든 세상에서 고난과 핍박과 죽음의 불 시험을 두려워 하며. 하나님의 선한 자신의 양심을 속이며 거짓말하며 악한 꾀에 빠져서 죄악을 범하면 이 땅에 사람 지으심을 한탄하며 마음에 근심하며 하나님도 두려워하는 마지막 진노의 심판을 행하지 않을 수가 없게 됩니다. (창 6:2-7)

 하나님의 무서운 진노의 심판을 받으며. 소돔과 고모라성처럼 멸망 당해야 할 우리들이 지금까지 살아있는 이유는 하나님과 부모님 앞에서 자신의 죄악을 눈물로 완전히 회개하며 통곡하며 일만 달란트 보다 큰 사랑과 은혜는 갚지 못한다 할지라도 백 데나리온 이라도 감사함으로 갚을 수가 있는 마지막 회개의 기회를 사랑과 은혜의 선물로 주기 위함 입니다. (마 18:23-35 25:14-30 히 6:1-6)

 그러나. 하나님과 부모님 앞에서 자신들의 죄악을 눈물로 완전히 회개하며 통곡할 마지막 죄 사함의 기회를 잃어 버리면. 소돔과 고모라 성과 니느웨 성과 예루살렘 성처럼 불타는 지옥으로 끌려 들어가게 되며 사탄과 함께 하루 만에 죽게 될 것입니다. (계 2:21 9:20-21 16:11 18:8)

☆ 노아의 방주는 삼위일체 사랑의 가정 입니다.

의인 노아처럼. 자신의 아내를 먼저 지켜주며 도와주며 사랑 하면. 자신도 사탄의 악한 시험에서 지킬 수가 있으며 자녀들도 지킬 수가 있으며 삼위일체 가족의 사랑의 약속을 죽음으로 완성할 수가 있습니다. (벧전 3:7)

 삼위일체 아내의 사랑의 약속을 잊어 버리고 배반하면

사탄의 악한 거짓말에 속게 되며. 사랑하는 아들 가인과 아벨 까지 모두 잃어 버리게 됩니다. (창 4:8)

왜냐하면. 첫 사람 아담과 의인 롯은 사랑하는 아내들을 사탄의 악한 위험에서 먼저 지켜주지 못하였기 때문에. 그들의 아내들이 사탄의 시험에 빠지게 되었으며 자녀들도 죄악을 범하게 되었던 것입니다.

우리들은. 자신들의 아내를 먼저 사탄의 악한 죄악의 시험에서 먼저 지켜주며 먼저 도와주며 먼저 사랑함으로 삼위 일체의 사랑의 약속을. 예수님처럼 죽음으로 먼저 완성할 수 가 있어야 합니다. (창 3:12 엡 5:28)

왜냐하면. 의인 노아처럼 사랑하는 아내의 사랑의 약속을 잊지 않으며 기억하며 삼위 일체 사랑의 가정을 완성하면 노아의 대 홍수 심판에도 살 수가 있으며. 자녀들도 사탄의 악한 죄악의 시험에서 지킬 수가 있으며. 자신도 위험에서 지키며 피난처가 되는 노아의 방주를 온전히 완성할 수가 있었기 때문 입니다. (창 7:7 시 133:1-3 엡 5:28)

17. 성 삼위일체 여호와 하나님 아버지.

우리들은 하나님의 형상과 모양으로 창조 되었으며 이는 물과 피로 임 하신 자니 곧 예수 그리스도 시라 물 로만 아니요 물과 피로 임하셨고 증거하는 이는 성령이니 성령 은 진리 니라 증거하는 이가 셋 이니 성령과 물과 피라 또 한 이 셋이 합하여 하나 이니라. (요일 5:6-8)

하나님이 세상을 삼위 일체로 창조하지 않으면. 생육하고 번성할 수가 없기 때문에 세상을 처음 부터 삼위 일체로 창 조 하였으며 생육하고 번성하라 명령 하였습니다.

여호와 하나님 아버지는 성부 성자 성령이 합하여 하나 이 며 성령과 물과 피가 합하여 또한 하나 이며. 하나님과 부 모님이 합하여 하나 이며 부모님과 자녀들이 합하여 하나 이기 때문에. 삼위 일체는 체인처럼 서로 연결 되어 있었던 것입니다. (요 10:30 14:9-10)

하나님의 성 삼위 일체를 알지 못하는 이유는. 무한대의 세계와 영원한 세계와 죄악이 없는 세계가 있다는 것을 알 지 못하기 때문이며. 사람들이 사람들의 생각으로 생각 하 며 판단하기 때문 입니다. (고전 2:13-16)

첫 사람 아담과 하와는 130 세에. 자신의 모양과 형상이 같은 아들 셋째를 낳아서 이름을 셋 이라 불렀으며 첫 사람

아담과 하와는. 삼위 일체 사랑의 가정을 완성할 수가 있었습니다. (창 5:1-3 룻 1:16-17)

 하나님은 아담을 창조하여 아담의 부모님이 되었으며. 아담은 셋의 부모님이 되었으며 셋은 우리들의 부모님의 부모님이 되었기 때문에. 우리들의 친 부모님은 하나님이라고 예수님의 족보 책은 분명하게 말하고 있으며. 부모님의 하나님이 곧 나의 하나님 입니다. (사 63:16 눅 3:23-38)

☆ 삼위 일체의 수학적 증명의 법칙. ☆

1. 셋이 하나가 되며 하나가 셋이 되는 것은 무엇 입니까.

☆ 예수님의 사랑의 나누기의 약속은 가장 적은 수의 사람으로 가장 큰 사랑의 힘을 나타낼 수가 있기 때문에 이기며 승리 할 수가 있습니다. (전 4:12 마 12:25)

 1 ÷ 1 ÷ 1= 은 셋이 함께 모여도 답은 언제나 일이 됩니다. 환경과 입장과 조건의 변화 속에서도 예수님의 사랑의 나누기의 약속은 변하지 않습니다. 혹시 한 사람이라도 지키지 못하는 사람이 있을 지라도 자신만 예수님의 사랑의 약속을 지키면 예수님의 사랑의 나누기의 약속 하나를 받으며 예수님의 더하기 알파 더하기의 약속대로 무한대가 되며 영생을 선물로 받게 됩니다. (요 3:16)

즉 1 ÷ 1 ÷ 0= 되어도 답은 언제나 일이기 때문에 예수님의 사랑의 나누기의 약속은 영원하며 영원히 변하지 않는 예수님의 사랑의 나누기의 약속 입니다.

2. 셋이 하나가 되며 하나가 셋이 되는 것은 무엇 입니까.

☆ 1 X 1 X 1 = 은 셋이 함께 모여도 답은 언제나 일이 됩니다. 그러나 환경과 입장과 조건이 변하면 사탄의 욕심의 곱하기의 약속은 변하게 되며 자신이 사탄의 욕심의 곱하기의 약속을 배반하지 않아도 다른 사람이 배반하면 하나도 받지 못하는 가짜 약속이며 엉터리 약속 입니다.

즉 1 X 1 X 0 = 되면 답은 언제나 영 이기 때문에 자신이 곱하기의 약속을 배반하지 않아도 모든 사람들이 하나도 받지 못하게 되는 곱하기의 약속은 가짜 입니다.

3. 예수님의 나누기의 약속은 마음에 천국이 완성 됩니다.

예수님의 사랑의 나누기의 약속은. 다른 사람들이 사랑의 약속을 배반할 지라도 자신만 사랑의 약속을 배반하지 않으면. 언제라도 하나님 앞에서 하나의 약속을 받으며 예수님의 더하기 알파 더하기의 약속으로 무한대가 되며 약속 대로 천국에 들어 갈수가 있습니다. (요 3:16)

즉 1 ÷ 1 ÷ 1 ÷ 1 ÷ 1 ÷ 1 ÷ 1 ÷ 1 ÷ 1 ÷ 0= 되어도 답은 언제나 일이기 때문에 예수님의 사랑의 나누기의 약속은 영원히 변하지 않는 하나님의 사랑의 약속 입니다.

4. 사탄의 곱하기의 약속은 언제나 불안 합니다.

왜냐하면. 사람들이 모이면 모일 수록 힘은 커지며 환경과 입장과 조건이 변하면 미움 원망 욕심 욕함 거짓 싸움의 독사의 독이 들어 있는 죄악의 열매를 입으로 받아 먹는 자가 있으면 앙심을 품고 악한 꾀에 빠지면 자신이 곱하기의 약속을 배반하지 않더라도 다른 사람이 배반하면 하나도 받을 수가 없는 곱하기의 약속이며 가짜 약속 입니다.

즉 1 x 1 x 1 x 1 x 1 x 1 x 1 x 1 x 1 x 1x 0 = 되면 답은 언제나 영이기 때문에 아무 것도 받을 수가 없는 약속이며 욕심의 곱하기의 약속은 가짜이며 사기꾼의 약속 입니다.

5. 수학의 영은 시작점이며 무한대는 완성 점 입니다.

삼위 일체가 되는 아담의 영 0과 하와의 영 0 두 개가 삼위 일체 사랑의 약속을 예수님처럼 죽음으로 완성하면 영 0 두 개가 함께 모여서 무한대 00 가 되며. 삼위일체 가족의 사랑의 약속의 완성 점이 되며 예수님과 함께 천국에서 영원히 살수가 있었습니다. (시 121:1-8 고전 7:11)

삼위일체 사랑의 가정을 완성하여 삼위일체 가족의 사랑의 약속을 예수님처럼 죽음으로 완성하면. 하늘나라 천국에서 모든 것을 다시 찾을 수가 있습니다. (창 2:17-18)

6. 나는 알파요 오메가라 이제도 있고 전에도 있었고 장차 올 자요 전능한 자라 하시더라. (계 1:8 21:6 22:13)

알파와 오메가는 처음의 글자요 마지막 글자 입니다. 그리고 시작과 끝을 말하는 글자 입니다. 수학의 영 0 은 처음 글자요 이제도 있고 전에도 있었고 장차 올 자요 전능한 자는 수학의 마지막 글자 무한대 00 입니다. 무한대는 모든 글자를 모두 포함하고 있기 때문에 이제도 있고 전에도 있었고 장차 올 자요 전능한 글자가 될 수가 있었습니다.

아담의 영 0 과 하와의 영 0 두 개가 함께 삼위일체 가족의 사랑의 약속을 예수님처럼 죽음으로 완성하면 영 0 두 개가 함께 합하여서 이제도 있고 전에도 있었고 장차 올 자요 전능한 자가 되는 무한대 00 가 될 수가 있었던 것입니다. (시 121:1-8 벧전 3:7)

삼위일체 가족의 사랑의 약속을 죽음으로 완성하면. 천국에서 하나님 아버지와 함께 영원히 행복하게 살수가 있는 전능한 자가 될 수가 있기 때문에 하나님은 처음부터 삼위일체 사랑의 가정을 만들어서 축복하여 주시며 좋았다 말씀 하며 기뻐하였던 것입니다. (창 2:17-18 전 4:9-12)

7. 사랑과 은혜의 값 영 0 의 값은 무한대 입니다.

 하나님과 부모님의 사랑과 은혜의 값을 1 이라고 생각 하면 10 되어서. 하나님과 부모님의 사랑과 은혜의 값이 되는 영 0 의 값은 9 가 됩니다. (즉 10 ― 1 = 9 입니다.)

 하나님과 부모님의 사랑과 은혜의 값을 3 이라 생각하면 30 이 되어서 하나님과 부모님의 사랑과 은혜의 값이 되는 영 0 의 값은 27 이 됩니다. (즉 30 ― 3 = 27 입니다.)

 하나님과 부모님의 사랑과 은혜의 값을 9 라고 생각하면 90 이 되어서 하나님과 부모님의 사랑과 은혜의 값이 되는 영 0 의 값은 81 이 됩니다. (즉 90 ― 9 = 81 입니다.)

 그러므로. 하나님과 부모님의 사랑과 은혜의 값을 영 0 이라고 생각하며 거역하며 불효하면. 하나님과 부모님의 사랑과 은혜와 축복을 받을 수가 없습니다. 그러나 무한대 00 라고 생각하며 공경하며 효도하면 하나님과 부모님의 사랑과 은혜의 값은 무한대 00 가 되어서. 하나님과 부모님의 무한대의 사랑과 은혜의 축복을 받으며 사탄의 악한 세가지 시험에서 승리할 수가 있으며 하나님과 부모님의 아들이 되는 자격을 예수님처럼 능력으로 당당하게 인정 받을 수가 있습니다. (롬 1:4 엡 3:14-19)

8. 의인들은 겨우 구원을 선물로 받게 됩니다.

바리새인들처럼 의인들과 좋은 사람들이. 자신들의 선과 의로 만족하며 하나님의 온전하신 의를 찾지 않으면 의인들과 좋은 사람들이 되지 못하며 자신들이 가지고 있던 선과 의까지 사탄에게 모두 빼앗기게 되며 구원을 선물로 받지 못하게 됩니다. (마 5:20 눅 18:10-14)

의인들이 (good man 들이) 하나님을 (God 을) 진심으로 찾지 않으면 사탄에게 그 의를 빼앗기게 되며 (0 man 이 되어서) 구원을 선물로 받지 못하게 되며 (마 5:20) 의인들이 (good man 이) 하나님을 (God 을) 진심으로 찾으면 자신들의 많은 죄악을 사함 받고 하나님의 사람이 될 수가 있습니다. (good man 이 God man 이 될 수가 있습니다)

왜냐하면. 하나님과 부모님을 공경하며 효도하면 자신의 많은 죄악을 사함 받으며 예수님의 이름으로 믿음에서 믿음에 이르게 되며. 하나님과 부모님의 얼굴을 직접 보면서 사망에서 생명을 구원하는 의로운 지식과 지혜와 총명함을 배우며 의인 욥처럼 겨우 구원을 받는 의인들이 연단을 받아서 완전한 의인들이 됩니다. (시 34:19 마 5:8 벧전 4:18)

9. 하나님이 만 왕의 왕이 되시는 이유는 무엇 때문 입니까.

영원히 죽지 않고 살수가 있는 생물과 나무 들도 무한대로 살수가 없으며 죽게 되며 영원히 살수가 있는 영생하는

신들과 하늘의 천사들 이라도 무한대로 살수가 없으며 죽게 됩니다. (사 65:22 고전 15:35-41)

왜냐하면. 무한대도 무한대 나름이며 영원한 영생도 영생 나름이며 영원히 살수가 있는 신들도 신들 나름이기 때문 입니다. 왜냐하면 육체도 다 같은 육체가 아니요 하나는 사람의 육체요 하나는 짐승의 육체요 하나는 새의 육체요 하나는 물고기의 육체이기 때문에. 땅에 속한 형체도 따로 있고 하늘에 속한 형체도 따로 있기 때문 입니다.

여호와께서 만 왕의 왕이 되는 이유는 모든 것을 할 수가 있는 특별한 권세가 있으며. 모든 것을 하지 않을 수도 있는 능력도 있으며 언제나 선과 의를 선택하여 법대로 정당 하게 행하시며 공평과 공의로 심판하는 사랑과 은혜의 하나님이며 자신의 유익과 영광과 찬송을 위하지 않으며 우리들의 유익을 먼저 위하며. 삼위일체 사랑의 약속을 죽음으로 완성하기 때문에 여호와 하나님은 만 왕의 왕이요 전지전능하신 하나님인 것입니다. (사 9:6-7)

10. 하나님의 세계는 원과 같은 무한대의 세계 입니다.

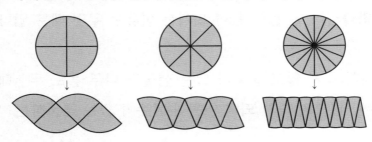

원을 4 등분 하여 펼쳐 놓으면. 원주가 직선에 가깝게 변하는 것을 볼 수가 있으며 원을 8 등분 하여 펼쳐 놓으면 원주가 더 직선에 가깝게 변하는 것을 볼 수가 있게 됩니다. 그러나. 원을 무한대로 등분하면 원주가 없어지게 되며 직선 으로 변하게 되는 것이 무한대의 세계 입니다.

무한대의 세계는 곡선도 직선으로 변하며 삼각형도 직선이 되며 높은 것도 낮은 것도 큰 것도 작은 것도 없으며 모두 같아지는 것이 무한대의 세계 입니다. (눅 3:5-6)

그러므로. 하나님의 천국 무한대의 세계 에서는 누구든지 예수님을 믿으며 예수님의 이름을 부르면 누구든지 구원을 선물로 받을 수가 있으며 불의한 청지기와 죄인들과 사탄 이라도. 자신들의 죄악을 눈물로 완전히 회개하며 사랑의 종이 되어 빚진 사람들과 힘든 사람들과 어려운 사람들을 도와 주며 선과 의를 행하기를 힘쓰면 구원을 선물로 받으며 온전한 의인 되어서 천국에 들어 올 수가 있습니다.

왜냐하면. 사람들 에게는 삼사 대가 무한대 이기 때문에 죄악을 행하면 (영에서 빼기 일이 되며) 사탄 마귀의 편에 서게 됨으로 사탄 마귀의 악한 저주로 (— 무한대가 되므로) 불타는 지옥에 들어가게 되며 하나님의 계명을 지키며 선과 의를 행하기를 힘쓰는 사람들은 (영에서 더하기 일이 되며) 예수님의 더하기 알파 더하기의 축복으로 (더하기 일 은 무한대가 됩니다) 예수님의 이름을 부르는 사람들은 예수님의 사랑과 은혜로 천국에 들어 갈수가 있습니다.

그러므로. 무한대의 세계에서 하나님과 부모님의 사랑과 은혜를 마음으로 믿으며 하나님 편에 서서 선과 의를 행하기를 힘씀으로 자동으로 천국에 들어 갈수가 있으며. 사탄의 편에 서서 죄악을 범하면 자동으로 지옥에 들어갈 수밖에 없습니다. (마 25:31-46 요 6:28-29 롬 1:17)

11. 하나님의 무한대의 세계는 우리들의 과학과 수학과 상식을 초월하는 신비롭고 영화로운 세계 입니다 왜냐하면 USB 에 책 한 권을 저장 할 수가 있다는 사실을 어린 아이와 동물들에게 설명 할 수가 없는 것처럼 우리들이 알 수가 있다고 할지라도 사람들의 말로서 하나님의 영화로운 세계를 설명할 수가 없는 것이 무한대의 세계 입니다.

양자 역학과 양자 컴퓨터의 세계와 절대 온도와 초 고압과 초 고열의 세계에 들어가면. 많은 물질의 세계가 순식 간에 홀연히 변화하는 것과 같이 무한대의 하나님의 세계에 들어가면 양자 역학과 양자 컴퓨터의 세계와 절대 온도와 초 고압과 초 고열의 세계와 같이 고체의 물질이 액체로 변화하며 액체가 기체로 변화 하듯이. 신들의 세계에 들어가면 순식간에 영광의 몸으로 홀연히 변화하게 되며. 하나님과 함께 영원히 행복하게 살 수가 있기 때문에 하늘나라 천국

과 영혼과 지옥과 부활과 영생과 구원과 심판이 없다고는 말할 수가 없을 것입니다. (고전 15:51)

12. 우리들은 생각해 보며 상상해 보아야 합니다.

.

사람들 에게는 삼사 대가 무한대이기 때문에. 악한 자들이 악한 거짓말을 하면. 지혜로운 자들도 어리석은 자들처럼 어느 것이 진짜 인지 알 수가 없게 되며. 사도 바울처럼 간사한 거짓말에 속아서 살인자가 될 수가 있기 때문에. 과학적 수학적 율법적 도덕적 성경적 합리적 역사적 논리적 으로 상상해 보아야 합니다. (신 23:7-8 행 7:51-53)
왜냐하면. 하나님과 천사와 사탄과 사람의 영혼과 전생이 있으면 천국과 지옥이 분명히 있을 것이기 때문 입니다.

13. 하나님과 부모님이 없으면 죽게 됩니다.

하나님과 부모님이 없이는 우리들이 세상에 태어날 수가 없으며. 새 생명을 선물로 받을 수가 없기 때문에 하나님과 부모님을 거역하며 불효하며 시험하면 새 생명을 선물로 받을 수가 없으며. 스스로 멸망 당하게 되는 것은 당연한 수학의 법칙이기 때문 입니다. (욥 33:14-18 전 7:29)

18. 할 렐 루 야.

해와 달아 찬양 하라 광명한 별들아 찬양할 지어다 하늘의 하늘도 찬양하며 하늘 위에 있는 물들도 찬양할 지어다 그것들이 여호와의 이름을 찬양 할 것은 저희가 명하시매 지음을 받았음이로다. (시 148:3-5)

하나님이 명령하여 지음을 받은 하늘의 해와 달과 광명한 별들이 여호와의 이름을 찬양하며 하늘 위에 있는 물들도 하나님을 찬양하고 있었습니다. (시 139:12-14)

무엇보다 존귀하게 창조된 하나님의 사람들이 동물과 짐 승처럼 사랑과 은혜의 약속을 잊어 버리고 배반하며 불효 하면 해가 어두워지며 달이 빛을 내지 않으며 별들이 하늘 에서 떨어지며 하늘의 권능이 흔들리며 이성 없는 악한 짐 승들 처럼 심판을 당하게 됩니다. (마 24:29-33)

하나님과 부모님의 모습으로 신묘 막측 하게 창조된 자신 들의 아이들과 자신을 바라 보면서 하나님을 마음으로 믿 으며 세상의 악한 부귀 영화와 권세와 재물을 우상으로 섬 기지 않으며 귀한 생명을 선물로 주시며 이름을 지어서 불 러 주신 하나님과 부모님을 공경하며 영광과 찬송과 경배 를 드리며 그 이름을 영화롭게 할 수가 있어야 합니다.

☆ **하늘이 여호와 하나님 아버지의 이름을 찬양 합니다.**

동해에 아침 해가 떠오르며 하늘과 땅과 바다와 나무와 산과 들과 갈매기와 새와 해초와 동물들이 여호와의 높으신 이름을 찬양하기 때문에 무엇보다 존귀하게 창조된 우리들은 당연하게 하나님과 부모님의 높으신 이름과 영광을 찬양해야 합니다. (욥 12:7-9 시 150:6 사 43:7)

이때에 하늘이 열리며 하늘에서 소리가 들리니 나는 부활이요 생명이니 나를 믿는 자는 죽어도 살겠고 무릇 살아서 나를 믿는 자는 영원히 죽지 아니 하리라 네가 이것을 믿느냐 하시며 예수님이 우리들의 부모님으로 세상에 다시 오셨습니다. (요 11:25-26 딤전 6:15-16)

우리들은 아멘 아멘 아멘 주 예수여 그러 하외다 주는 그리스도시요 살아 계시는 하나님의 아들 이심을 내가 믿나이다 하며 예수님의 이름을 찬양 하였습니다.

요한은 물로서 너희들에게 세례를 베풀었으나 너희들은 몇 날이 못되어서 성령을 선물로 받으리라.

하나님의 약속은 너희와 너희 자녀와 모든 먼데 사람 곧 우리 주 하나님이 얼마든지 부르는 자에게 하신 것이니라.

☆ **예수님이 나에게 가르쳐 주신 주기도문.**

하늘에 계신 우리 아버지의 이름을 거룩하게 하옵시며 나라에 임하옵시며 뜻이 하늘에서 이루어진 것같이 땅 에서도 이루어 지이다 오늘날 우리에게 일용할 양식을 주옵시고 우리가 우리에게 죄지은 자를 사하여 준 것같이 우리들의 죄를 사하여 주옵시며 우리들을 시험에 들게 하지 마옵시며 다만 악에서 구원 하옵소서 대개 나라와 권세와 영광이 아버지께 영원히 있사옵나이다. 아멘. (마 6:9-13)

O 예수님이 아버지의 뜻을 하늘에서 완성하신 것처럼 우리들도 아버지의 뜻을 땅에서 완성함으로 하늘에 있는 것이나 땅에 있는 것들이 모두다 예수 그리스도 안에서 통일되어야 합니다. (마 6:10 엡 1:10)

예수님이 아버지의 뜻을 하늘에서 완성하신 것처럼 우리들도 땅에서 부모님의 삼위 일체 가족의 사랑의 약속을 예수님처럼 죽음으로 먼저 완성함으로 하늘에 있는 것이나 땅에 있는 것들이 모두 다 예수 그리스도 이름으로 통일 되어야 할 막중한 책임과 사명과 의무가 있다는 사실을 잊지 않으며 명심해야 합니다. (마 6:10 엡 1:10)
그러므로. 하나님의 대 심판의 법칙에서 부모님과 형제와 지극히 작은 자 하나 에게 행한 것이 곧 하나님께 행한 것과 같다고 예수님이 말씀 하였습니다. (마 25:40)

왜냐하면. 예수님이 십자가에 먼저 돌아 가심으로 유언의 약속으로 우리들에게 주신 내 부모님을 공경하라는 하나님의 약속 있는 복 받는 첫 계명은 하나님의 첫 번째 명령이며 여호와 하나님 아버지의 준엄하신 마지막 명령이기 때문 입니다. (시 133:1-3 말 4:6 엡 6:1-3)

☆ 예수님이 세상에 오신 마지막 목적은 무엇 입니까.

삼위일체 사랑의 가정을 완성하여 하나님과 부모님을 공경하며 효도하며 삼위일체 가족의 사랑의 약속을 죽음으로 완성함으로 성결의 영으로서 죽은 자 가운데서 무덤에서 부활하여 능력으로 하나님과 부모님의 아들로 인정되는 자격을 하나님 앞에서 당당하게 선물로 받게 하는 것이 예수님이 부모님으로 세상에 다시 오신 궁극적인 마지막 목적이기 때문 입니다. (사 55:1-3 롬 1:4 엡 6:1-3)

☆ 하나님의 성령을 훼방하고 거역하는 죄악은 하나님과 부모님의 사랑과 은혜의 약속을 배반하며 거역하며 불효하는 죄악이며 이 세상과 오는 세상 에서도 사함 받지 못하는 큰 죄악 입니다. (마 12:25-32 막 3:23-30 엡 6:1-3)

사랑과 은혜의 하나님 아버지 앞에서 짝지어 축복하신 삼위 일체 가족의 사랑과 은혜의 약속을 배반하면 용서함을 받지 못하며 사함 받지 못하는 것은 당연한 결과 입니다.

왜냐하면. 하나님과 부모님을 거역하며 불효하면 이 세상 에서도 사랑과 은혜와 축복과 도움을 받지 못하며 고생하게 되며 오는 세상 에서도 하나님과 부모님의 사랑과 은혜와 축복과 도움과 영원한 생명을 선물로 받지 못하며 지옥의 고통을 당하게 되기 때문에 사랑과 은혜의 하나님 앞에서 하나님과 부모님과 삼위일체 가족의 영원한 사랑과 은혜의 약속을 배반하면 멸망 당하는 것은 당연한 것입니다.

☆ 진리를 알지니 진리가 너희들을 자유케 하리라.

예수님이 말씀하신 진리를 아는 것은. 영원한 진리의 말씀을 깨달아 아는 것이며. 하나님과 부모님이 주시는 사랑과 은혜의 도움과 하늘의 축복을 받을 수가 있는 방법을 깨달아서 아는 것입니다. (시 121:1-8 요 8:32-35)

곧 다윗에게 허락하신 하나님의 만고불변의 영원한 언약의 약속대로 하나님과 부모님 집에 거하며 좋은 것을 먹으며 마음이 기름진 것으로 즐거움을 얻으며 하나님의 선하시며 기뻐하시며 온전하신 뜻대로 사망에서 생명을 구원하는 의로운 지식과 지혜와 총명함을 배우며 하나님이 약속하신 복 받는 첫 계명의 약속대로. 하나님과 부모님을 공경하며 효도하며 영광과 찬송과 경배를 드리는 것입니다.

그러나. 우리들은 하나님의 영원한 진리의 말씀과 영원한 진리의 계명을 잊어버리고 거짓을 예언하는 가짜 선생들의 거짓말에 속아서 악한 죄악을 선과 의라고 배우며 공짜와 뇌물과 미끼에 걸리며 낚시꾼의 낚시 바늘에 입이 걸리며 악한 새 사냥꾼의 덫에 걸려서 아무 소리도 하지 못하고 악한 사탄의 종 노릇 하고 있었던 것입니다.

예수님이 아닌 자를 예수님으로 부모님이 아닌 자를 부모님 으로 섬기며 하나님이 약속하신 복 받는 첫 계명을 악하게 폐하며 하나님과 부모님을 거역하며 불효하며 원수로 행하는 무서운 살인자의 죄악을 계속하여 범하고 있었던 것입니다. (마 15:3-9 롬 10:3 빌 3:18-19)

그러므로. 공평하신 공의와 홍익인간과 경천애인과 동서고금과 만고불변의 영원한 하나님의 진리의 계명이 선포될 때에는 자신들의 옛 죄악을 눈물로 완전히 회개하며 예수 그리스도 안에서 내 부모님을 공경하라는 하나님의 약속 있는 복 받는 첫 계명을 예수님처럼 죽음으로 먼저 완성할 수가 있어야 합니다. (요 16:7-16 엡 6:1-3 계 14:6)

19. 하나님의 아들이 된 우리들은.

하나님의 아들된 사람들과 예수님을 믿는 사람들과 예수님의 이름을 부르는 사람들은 더 심한 것이 생기지 않도록 다시는 무서워하는 죄악을 범하지 않아야 합니다.

왜냐하면. 개가 토한 것을 다시 먹으며 돼지가 씻었다가 더러운 구덩이에 도로 들어 가면. 깨끗이 씻은 것이 아무 소용이 없기 때문에 더 심한 것이 생기지 않도록 미움 원망 욕심 욕함 거짓 싸움의 독사의 독이 가득 들어 있는 죄악의 열매를 입으로 받아 먹지 않아야 합니다. (벧후 2:22)
왜냐하면. 사람들은 여호와를 우리들의 아버지라고 인정하지 않을 지라도 여호와 하나님 아버지는 태초부터 우리들의 아버지였기 때문 입니다. (사 63:16 롬 8:15)

☆ 사도 바울은 셋째 하늘에 올라가서 하나님의 놀라운 환상과 계시를 받았으며 이 지혜는 사람의 지혜가 아니요 이 세상의 지혜도 아니요 세상의 없어질 관원의 지혜도 아니요. 사람들의 짧은 말과 글로 이야기 할 수가 있는 지혜가 아니 였습니다. (고전 2:6-16 고후 12:1-6)

오직 비밀한 가운데 있는 하나님의 지혜로 말하는 것이며.

사탄도 알지 못하는 비밀한 가운데 있는 하나님의 지혜 이며. 하나님이 우리들을 위하여 만세 전에 미리 정하신 지혜이며 눈으로도 보지 못하고 귀로도 듣지 못하고 사람들의 마음으로 생각하지 못한. 하나님의 놀라운 지혜의 말씀과 사랑과 은혜와 비밀을 사도 바울에게 직접 보여 주었던 것입니다. (행 17:30-31 딤전 1:13-17)

 그러므로. 사도 바울은 이전에 세상의 제사장과 선지자와 선생에게 배운 유익한 것들은 모두 가짜이며 잘못 배웠다는 것을 알고서. 자신의 죄악을 눈물로 완전히 회개하며 자신의 연약함과 어리석음을 인정하며 악한 죄악과 악한 것들을 배설물처럼 깨끗하게 버렸습니다. (빌 3:7-9)

 그리고. 하나님은 진실로 이방인들의 하나님도 되시며 온 세상 모든 백성들의 하나님이기 때문에. 아무것도 받지 않고 이방인들의 사도의 직분을 충실히 감당하며 오직 경건에 이르는 연습을 기쁨으로 계속하며. 경천 애인의 계명과 홍익 인간의 계명과 공평하신 공의에 계명을 세상에 전하기를 힘썼던 것입니다. (롬 3:29 고전 4:20 살전 4:7-8)

 1. 이웃에게 악을 행하는 악한 자들도 자신의 손으로 수고하여 열심히 일하며 빈궁한 자들을 도와주며 선한 일을 열심히 하며 미움 원망 욕심 욕함 거짓 싸움의 독사의 독이 가득 들어 있는 죄악의 열매를 입으로 받아 먹지 않으며.

분한 마음을 내어도 죄를 짓지 말며 해가 지도록 악한 감정을 품지 않으며 사탄 마귀로 틈을 타지 못하게 해야 합니다. (요 5:14 8:11 눅 16:9 엡 4:25-29)

왜냐하면. 살인 폭력 방화 간음 도적질 거짓 증거하며 부모님을 거역하며 이웃에게 악을 행하는 악한 자들도 하나님과 부모님 앞에서 자신의 죄악을 눈물로 완전히 회개 하며 다시는 무서워 하는 악한 죄악을 두 번 다시는 범하지 않으며. 자신의 손으로 열심히 일하며 선과 의를 행하기를 힘쓰면 자신들의 많은 죄악을 사함 받고 용서함을 받을 수가 있기 때문 입니다. (행 9:15-16 딤전 1:13-17)

2. 왜냐하면 영원히 죽지 않고 영생 하는 하늘의 신들과 하늘에 살고 있는 천사들도 술 취하며 음욕에 취하며 마약에 취하여 죄를 범하면 신들과 천사가 될 수 없으며 죽게 되며 멸망 당하게 됩니다. (고전 3:16-17 6:15-20)

천하장사 삼손처럼 온 몸에 쇠사슬로 결박 당하며 두 눈을 잃어 버리며 비참하게 죽게 될 것입니다. (잠 6:25-29)
그러므로. 옛 뱀의 악한 지혜를 먼저 살피며 먼저 준비하며 먼저 결심함으로 어리석은 자가 되지 않으며 지혜 있는 자가 되어서 하나님의 거룩함과 정절의 약속과 비둘기의 순결함을 지키며 오직 경건에 이르는 연습을 기쁨으로 계속할 수가 있어야 합니다. (마 10:16 계 14:4 16:15 19:8)

왜냐하면. 지금 까지는 우리들의 죄악을 사하여 주며 용서해 주었으나. 지금 부터는 악한 자들의 악한 죄악이 하늘에 사무침으로 노아의 대홍수 심판과 소돔과 고모라 성과 니느웨 성과 예루살렘 성처럼 그들의 죄악을 사하여 주지 않으며 기억할 것이기 때문 입니다. (계 18:5)

3. 아담처럼 자신의 죄악을 무서워하며 두려워함으로 삼위 일체 아내의 사랑의 약속을 배반하며 변명하며 핑계 하면 사랑과 은혜의 하나님 앞에서 용서함을 받지 못하고 죽게 됩니다. (아 8:5-7 요일 4:7-8)

왜냐하면. 사랑하는 자신의 아내는 다른 사람이 아니라 바로 일체가 되는 자기 자신이며. 하나님께 생명의 은혜를 유업으로 아내와 함께 받을 수가 있는 삼위일체 사랑의 약속의 관계이기 때문 입니다. (엡 5:28 벧전 3:7)

사랑하는 아내는 흙으로 만든 남편보다 더 연약한 살과 뼈로 만든 더 연약한 그릇이기 때문에. 사랑하는 아내를 먼저 지켜주며 도와주며 사랑하는 것이. 자신을 사랑하며 도와주며 지켜주는 것이기 때문에. 자신의 아내를 먼저 지켜 주며 먼저 도와주며 먼저 사랑해야 합니다.

자신의 아내를 먼저 지켜주지 않으면. 사탄의 악한 죄악의 시험에서 패배하게 되며. 자신도 사탄의 악한 죄악의 시험에서 패배 할 수 밖에 없으며 자신의 사랑하는 자녀들도 지켜 줄 수가 없기 때문입니다. (시 121:1-8)

4. 자녀들아 너희 부모님을 주 안에서 삼위일체 가족의 사랑의 약속을 예수님이 죽음으로 먼저 완성하신 것처럼 너희들도 부모님에게 주 안에서 순종 하라 이것이 옳으니라 내 부모님을 공경하라 이것이 하나님의 약속 있는 복 받는 첫 계명이니 이는 네가 잘되고 땅에서 장수 하리라 하는 하나님의 약속 있는 복 받는 첫 계명을 하나님이 직접 선물로 주었습니다. (사 55:1-3 엡 6:1-3)

그러나. 하나님과 부모님이 죄와 불법과 불의을 범하게 할 때에는 예수님과 베드로처럼 하나님과 부모님의 말씀이라도 몇 번 이라도 단호하게 거절해야 하며 무서워하거나 두려워 하지 않으며. 자신의 생명과 죽음으로 반드시 거절할 수가 있어야 합니다. (마 16:23 행 10:9-16)
왜냐하면. 죽음을 무서워하며 두려워하지 않으며 악한 죄악의 시험을 단호하게 거절함으로써. 사랑하는 부모님을 사탄의 죄악의 시험에서 구원할 수가 있으며 죽음의 시험에서 구원할 수가 있기 때문 입니다. (창 3:3-6 롬 6:12-23)

왜냐하면. 사탄은 천사와 선생과 제자와 남편과 아내와 자녀와 부모님과 선지자와 예수님의 모습으로 나타나서 자신을 스스로 속이며 죄악을 죄악이 아니라 선과 의라고 거짓말 할 수가 있기 때문에 하나님의 선하시며 기뻐하시며 온전하신 뜻을 정확하게 분별하여 사탄의 죄악의 시험에서 승리해야 합니다. (요 8:44-46 고후 11:13-15)

5. 자녀들을 책망하며 훈계할 때에도 노엽게 하지 말며 교양과 훈계로 양육하며 삼위일체 사랑의 가정을 완성하기 위하여 그리스도의 종과 자녀들의 종이 되어서 하나님의 의로운 뜻을 행할 수가 있어야 합니다. (엡 6:4)

왜냐하면. 부모님의 생명보다 귀한 자녀들을 향한 사랑 속에서도 자녀들은 깊은 상처를 받을 수가 있으며 사탄이 틈을 타서 부모님과 자녀들의 사이를 원수의 관계로 만들 수가 있기 때문 입니다. (고후 4:4-5 벧전 5:8)

왜냐하면. 아담과 하와를 속이며 가인과 아벨을 속이며 자녀들을 악한 거짓말로 속인 사탄은 미움 원망 욕심 욕함 거짓 싸움의 독사의 독이 가득 들어 있는 죄악의 열매를 입으로 계속하여 받아 먹게 함으로 사탄이 틈을 타서 중간에 훼방할 수가 충분히 있기 때문 입니다. (창 3:1-6)

6. 우리의 씨름은 혈과 육에 대한 것이 아니요 하늘의 정사와 권세와 어두움의 세상 주관자와 하늘에 있는 악한 영들에 대함이기 때문에 하나님의 전신 갑주를 입고 싸워서 승리해야 합니다. (창 32:24 33:3 엡 6:12-18)

☆ 우리들의 씨름은 명백한 죄악에 대한 것이 아니라 천사의 모습으로 변장하여 거짓말하는 사탄과 악한 자에 대한 것이며. 공평과 공의와 공정과 사랑을 말하면서 짐승들과 악한 자들을 먼저 사랑하며 용서하는 자들에 대한 것이며. 하나님과 부모님을 거역하며 불효하며 시험하는 악한 자들에 대한 것이기 때문에 예수님과 제자들과 사도 바울처럼 하나님의 전신 갑주를 입고 마음과 목숨과 뜻을 다하여 간절히 기도의 씨름을 할 수가 있어야 합니다.

얍복강 가의 야곱처럼 삼위일체 가족의 사랑의 약속을 죽음으로 완성하기 위하여 자신의 생명과 아내의 생명과 가족들의 생명을 걸고 몸을 일곱 번 땅에 굽히며 나아가며 자신들의 죄악을 기억하며 슬퍼하며 통곡하며 울어야 하는 기도의 씨름을 할 수가 있어야 합니다.

왜냐하면. 우리들을 핍박하며 저주하며 죽이려 하는 삼위일체 사랑의 가족들과 형제들은 나의 원수가 아니라 악에게 지지 않고 선으로 악을 이겨야 하는 악한 사탄 마귀들이 만들어 놓은 가짜 원수이며 나의 사랑하는 삼위일체

사랑의 가족들이기 때문 입니다. (롬 12:14-21)

 얍복강 가의 야곱처럼. 형제들과 연합하여 동거함이 곧 하나님의 축복과 영생의 약속이기 때문에. 하나님의 약속 있는 복 받는 첫 계명을 죽음으로 완성하기 위하여 하나님의 전신 갑주를 입고 서서 진리로 허리 띠를 띠고 의의 흉배를 붙이고 평안의 복음의 신을 신고 모든 것 위에 믿음의 방패를 가지고 악한 자들의 모든 화전을 소멸하며 구원의 투구와 성령의 검을 가지고. 겟세마네 동산의 예수님과 그의 제자들과 사도 바울과 야곱처럼. 삼위일체 가족의 사랑의 약속을 죽음으로 완성하기 위한 간절한 기도의 씨름을 할 수가 있어야 합니다. (시 133:1-3 엡 6:1-3 6:10-20)

7. 우리들은 싸움은 이웃과 하는 것이 아니라 자신의 마음 속 깊은 곳에 살고 있는 사탄의 악한 죄악의 영들과 씨름을 하는 것입니다. (욥 25:4-6 잠 26:25 렘 17:9-10)

 두 번 다시는 미움 원망 욕심 욕함 거짓 싸움의 독사의 독이 가득 들어 있는 죄악의 열매를 입으로 받아 먹지 않기 위하여 기도의 씨름을 하는 것입니다. (창 3:1-6)
 악하고 음란한 악한 세대의 악한 풍습과 악한 습관을 배설물처럼 깨끗하게 버리기 위한 씨름을 하는 것입니다.
 악을 선하다 하며 선을 악하다 하며 흑 암으로 광명을 삼으며 광명으로 흑 암을 삼으며 쓴 것으로 단것을 삼으며 단것으로 쓴 것을 삼는 자와 포도주와 독주를 마시기에 용감하며 뇌물로 인하여 악인을 의롭다 하며 의인에게서 그의를 빼앗는 악한 자을 불쌍히 여기며 하나님의 전신 갑주를 입고 싸워서 이기며 승리하기 위한 기도의 씨름을 해야 하기 때문 입니다. (사 5:18-24 엡 6:1-3)

왜냐하면. 내 이웃 사람보다 악한 자들을 먼저 사랑하며 용서하는 자와 사람보다 동물을 먼저 사랑하는 악한 자들은 하나님의 선한 자신의 양심을 속이며 거짓말하는 자이며 믿음을 배반한 자이며 불신자 보다 더 악한 자이며 하나님의 이름을 망령되게 부르는 자이기 때문에 하나님의 전신 갑주를 입고 싸워서 반드시 이기며 승리하기 위한 간절한 기도의 씨름을 해야 합니다.

8. 거짓말 하는 자가 누구뇨 예수께서 그리스도 이심을 부인하는 자가 아니냐 하나님과 부모님의 아들 됨을 부인 하는 자들이 적 그리스도 입니다. (요일 2:22-23)

거짓말 하는 자가 누구뇨 하나님과 부모님을 거역하며 자신의 선한 하나님의 양심을 속이며. 하나님과 부모님의 아들 됨을 부인하며 불효하는 자들이 적 그리스도 입니다.

자신이 하나님과 부모님의 아들 이라는 것을 마음으로 부인하며 거역하며 불효하는 자들이 적 그리스도이며. 그렇게 불효하라고 가르치는 자들이 적 그리스도 입니다.

왜냐하면. 사람들의 눈에 보이는 부모님을 먼저 공경하며 사랑하지 않는 자는 사람들의 눈에 보이지 않는 하나님을 사랑할 수가 없으며 이는 거짓말 하는 자요 믿음을 배반한 자요 불신자 보다 더 악한 자들이기 때문에 그들이 바로 적 그리스도의 영 입니다. (요일 4:20-21)

왜냐하면. 하나님과 부모님을 거역하며 불효하며 아비 에게 묻기를 네가 무엇 하려고 세상에 태어났느냐 또 어미 에게 묻기를 네가 무엇 하려고 나를 잉태하여 나를 낳았느냐 하는 자들은 하나님과 부모님도 그들 에게는 없음으로 귀한 생명을 선물로 받지 못하기 때문에 그들 에게는 화가 있을 것이기 때문 입니다. (사 45:9-10 요 6:57)

9. 예수님의 족보를 두 번씩 이나 지루하게 기록한 이유는 귀한 생명을 선물로 주신 하나님과 부모님이 우리들의 친 부모님이라는 사실을 확실하게 분명하게 가르치며 먼저 공경하며 효도하기 위하여 하나님의 족보를 두 번을 기록한 것입니다. (사 63:16 마 1:1-17 눅 3:23-38)

그러므로. 하나님과 부모님의 하늘보다 높으며 바다보다 넓은 사랑과 은혜를 잊어 버리고 거역하며 불효하면 하나님과 부모님의 생명 책과 조상들의 족보 책에 우리들의 이름을 기록할 수가 없으며 하나님과 부모님의 자녀들의 직분을 잃어 버리게 됩니다. (계 3:5 20:15 21:27)

사랑하는 자들아 하나님의 영은 이것으로 알지니 곧 예수 그리스도께서 육체로 오신 것을 시인하는 영마다 하나님께 속한 것이요 예수 그리스도를 나의 부모님으로 시인하지 아니하는 영마다 하나님께 속한 것이 아니요 이는 곧 적그리스도의 영이기 때문 입니다. (요일 2:22-23 4:1-3)

그러므로. 예수 그리스도께서 육체로 오신 것과 우리들의 부모님으로 오신 것을 시인하는 영마다 하나님께 속한 영이요 시인하지 아니하며 거역하며 불효하는 영마다 적 그리스도의 영 입니다. (롬 10:10 요일 4:1-3 요이 1:7)

왜냐하면. 무엇보다 존귀하게 창조된 하나님과 부모님의 사랑하는 자녀들이 멸망 당하는 짐승과 동물보다 악하게 하나님과 부모님의 사랑과 은혜의 약속을 배반하며 불효하며 시험하면. 하나님의 생명 책에 우리들의 이름을 기록할 수가 없으며 멸망 당하는 짐승들과 함께 죽게 되는 것은 당연한 것입니다. (욥 12:7-10 시 49:12 49:20)

10. 하나님이 약속 하신 복 받는 첫 계명의 약속은. 동양 에서 서양까지 옛날부터 지금까지. 만고불변의 영원한 하나님의 영원한 진리의 복음은 입니다. (마 7:12 계 14:6-13)

하늘의 천사들이 세상 모든 종교와 모든 사람들에게 하나님의 영원한 진리의 복음을 전할 때에는. 삼위 일체 가족의 사랑의 약속을 예수님처럼 죽음으로 완성해야 한다는 것이 옛날부터 지금까지 동양에서 서양까지 만고 불변의 영원한 진리의 복음이며 하늘의 천사들이 전하는 하나님의 영원한 복음이며 홍익인간의 계명과 경천애인의 계명이며 하나님이 약속 하신 복 받는 첫 계명의 약속 입니다.

여호와께서 직접 말씀 하기를 삼위일체 가족의 사랑의 약속을 예수님처럼 죽음으로 완성하지 못하고 서로 불화하며 싸운다면 여호와께서 두려워하는 불과 유황불의 마지막 심판을 당한다고 여호와께서 직접 무서운 심판의 경고를 직접 하였으며 하나님의 약속 있는 복 받는 첫 계명을 우리들에게 선물로 주었기 때문 입니다. (말 4:5-6 엡 6:1-3)

11. 우리들은. 은을 구하는 것 같이 감추인 보물을 찾는 것 같이 하나님의 의로운 지식과 지혜와 분별력과 통찰력과 생명의 말씀을 간절히 간구해야 합니다. (잠 2:4-5)

왜냐하면. 악한 자 들은 무리를 지어서 참 빛이 아닌 것을 빛으로 선행이 아닌 것을 선행으로 정의가 아닌 것을 정의로 진리가 아닌 것들을 진리로 거짓말하며 불의한 재물과 음행의 올가미와 뇌물과 공짜와 미끼로 의인들의 의를 빼앗으며 악하고 음탕한 음행의 죄악을 온 세상에 퍼뜨리고 있기 때문에 세상의 불의한 재물을 우상으로 섬기지 않으며 지혜롭게 힘든 사람들과 불쌍한 사람들을 도와주며 선과 의를 행하기를 힘써야 합니다.

왜냐하면. 우리들은 하나님과 부모님에게 불의한 청지기들이기 때문에 개 같이 재물을 벌었어도 자신의 옛 죄악을 눈물로 완전히 회개하며 정승같이 자신의 재물을 선과 의를 위하여 지혜롭게 사용 한다면. 그 재물이 없어질 때에 영원한 처소에 들어 갈수가 있습니다. (눅 16:1-9)

그러므로. 개 같이 재물을 벌어서 자신의 배와 유익과 영광과 찬송을 위하여 개 같이 사용한다면 소돔과 고모라성처럼 제일 먼저 멸망 당하게 될 것입니다.

하나님과 부모님의 얼굴을 항상 볼 수가 없다면 의로운 분별력과 통찰력과 지혜가 없으며 가짜와 진짜와 하나님과 부모님을 분별하지 못하고 강도와 도둑놈과 음란한 자를 따라감으로. 하나님의 거룩함과 정절의 약속과 비둘기의 순결함을 지킬 수가 없으며 사망에서 생명을 구원하는 의로운 지혜를 배울 수가 없으며 하늘 나라 천국에 대하여 말씀하며 자신의 눈으로 직접 보아도 알지 못하고 죄악을 범하기 때문에 스스로 멸망 당하게 됩니다.

왜냐하면. 여호와를 경외하는 것이 지혜의 근본이요 거룩한 자를 아는 것이 명철함이며 하나님과 부모님의 선하시며 기뻐하시며 온전하신 뜻을 분별할 수가 있는 하나님의 올바른 분별력과 통찰력과 총명함과 지혜를 하나님께 간절히 간구할 수가 있어야 합니다. (롬 12:2)

왜냐하면. 하나님과 부모님이 우리들에게 개 떡같이 말씀할지라도 찰 떡같이 알아 들을 수가 있는 하나님의 올바른 지식과 지혜와 명철함과 통찰력과 분별력과 총명함이 있어야 하기 때문 입니다. (잠 9:10 사 55:6-9)

12. 예수님은. 하늘나라 천국에 대한 확실하며 분명한 증거를 우리들에게 직접 보여 주기 위하여 십자가의 죽음의 길을 끝까지 완주 하신 것입니다. (행 13:28)

왜냐하면. 예수님과 부모님은 나에게 귀한 생명을 선물로 주신 나의 부모님이며 또 다시 나에게 귀한 생명을 선물로 주실수가 있는 생명의 주인이기 때문 입니다. (요 6:57)

그러므로. 돌아온 탕자처럼 자신의 죄악을 눈물로 완전히 회개하며 정말 사랑의 종이 되어서 하나님과 부모님을 공경하며 효도하며 이제 부터 내가 산 것이 아니요 오직 내 안에 그리스도께서 사신 것이라 이제 내가 육체 가운데 사는 것은 나를 사랑하사 나를 위하여 자기 몸을 십자가에 버리신 하나님의 아들 예수 그리스도를 믿는 믿음 안에서 살아야 하기 때문 입니다. (갈 2:20)

그러므로. 우리 중에 누구든지 자신을 위하여 사는 자도 없으며 자신을 위하여 죽는 자도 없도다 우리가 살아도 예수 그리스도를 위하여 살고 죽어도 예수 그리스도를 위하여 죽나니. 그러므로 사나 죽으나 우리가 예수 그리스도의 것이기 때문 입니다. (롬 8:17-18 14:7-8)

그러므로. 이제 내 안에 사는 것이 예수 그리스도니 이제 내가 죽는 것도 내게 유익함 이니라 하며. 예수님과 함께 영광을 받기 위하여 예수님과 함께 죄악의 권세와 싸우며 고난과 핍박도 함께 받으며 사탄의 사망 권세를 이기며 승리할 수가 있어야 합니다. (빌 1:21)

왜냐하면. 예수님이 우리를 대신하여 십자가에 먼저 죽으심은 모든 불법에서 우리들을 구속 하시고 우리들을 깨끗하게 하사 선한 일에 열심하는 하나님의 친 백성이 되게 하려 하심이기 때문에 더 심한 것이 생기지 않도록 다시는 죄악을 범하지 않아야 합니다. (딛 2:14 3:8)

13. 하나님과 부모님의 하늘 보다 높으며 바다 보다 넓은 사랑과 은혜와 일만 달란트 보다 더 큰 사랑과 은혜를 마음으로 먼저 믿는 것이 곧 명철함 입니다. (잠 9:10)

어리석은 출애굽 백성들처럼. 자신의 옛 죄악의 무서움과 어리석음과 연약함을 알지 못하고 하나님과 부모님의 동등 됨을 취하며 스스로 교만하며 잘했다 하며 자신들의 배와 영광과 찬송을 위하여 함께 살고 있는 악한 자의 악한 꾀를 배우며 변명하며 핑계하며. 하나님과 부모님의 사랑과 은혜를 의심하며 불효하며 시험하면 용서함을 받지 못하고 죽게 됩니다. (민 11:4-6 신 8:2-6 미 6:3-5)

그러므로. 하나님과 부모님 앞에서 자신의 옛 죄악을 회개하고 돌아온 탕자와 같이 자신의 옛 죄악을 눈물로 완전히 회개하며 아들이라 칭함을 감당치 못하겠으니 종이라 하옵소서 하며. 하나님과 부모님 앞에서 통곡하며 슬퍼하며 울어야 합니다. (눅 15:12-32 약 4:7-9)

왜냐하면. 하나님과 부모님은 너희가 멸망 당할 것이라 하여도 자신의 죄악을 눈물로 완전히 회개하면. 아무도 멸망당하지 않으며 모두 구원해 줄 수 있는 권세가 있는 사랑과 은혜의 하나님이기 때문 입니다. (벧후 3:8-9)

하나님과 부모님은. 성결의 영으로서 죽은 자 가운데서 무덤에서 부활하여 능력으로 당당하게 하나님의 아들로 인정을 받기를 원하고 있으며 예수님처럼 부모님의 동등 됨을 취하지 않으며 오히려 자신을 비워서 종의 형체를 가지고 사랑의 종이 되어서 십자가에 죽기까지 복종함으로 사탄의 악한 죄악의 시험과 사망의 시험에서 이기며 승리하기를 원하고 있었습니다. (빌 2:5-8)

왜냐하면. 하나님은 죽음과 지옥과 형벌과 멸망은 명령

하지도 생각하지도 않았으며. 하나님의 선하시며 기뻐 하시며 온전하신 뜻은 재앙이 아니라 곧 평안이며 우리들의 장래에 영원한 하늘 나라 천국의 영원한 소망을 주며 새 생명과 영생과 기쁨과 행복의 약속을 선물로 주는 것이기 때문 입니다. (렘 7:31 29:11)

14. 사탄 마귀와 최후의 마지막 전쟁을 준비해야 합니다.

만일 나팔이 분명하지 못한 소리를 내면 누가 전쟁을 예비 하리요. 이와 같이 너희 혀로 알아 듣기 쉬운 말을 하지 아니 하면 그 말하는 것을 어찌 알리요. 이는 허공에다 말 하는 것이며. 자신의 유익과 영광과 찬송을 위해 일하는 탐욕이 가득한 악한 자 입니다. (요 5:41-44 고전 14:8-9)

보라 여호와의 크고 두려운 날이 이르기 전에 내가 선지자 엘리야를 너희에게 보내리니 그가 아비의 마음을 자녀 에게로 돌이키게 하며 자녀들의 마음을 그들의 아비에게로 돌이키게 하리라 돌이키지 아니하면 두렵건대 내가 와서 저주로 그 땅을 칠까 하노라 하시니라. (말 4:5-6)

그러므로. 여호와께서 선지자 엘리야를 보낼 때에 삼위 일체 사랑의 가정을 완성하지 못하고 악한 마음으로 형제들이 서로 불화하며 싸우면 용서함을 받을 수가 없기 때문에 미움 원망 욕심 욕함 거짓 싸움의 독사의 독이 가득 들어 있는 죄악의 열매를 입으로 계속하여 받아 먹지 않으며 삼위 일체 가족의 사랑의 약속을 예수님처럼 죽음으로 먼저 완성할 수가 있어야 합니다. (시 133:1-3 엡 6:1-3)

15. 삼위일체 사랑의 약속을 죽음으로 완성해야 합니다.

삼위일체 가족의 사랑의 약속은 언제 까지든지 땅에 떨어지지 않으며 영원하며. 사탄의 사망 권세와 죽음의 불 시험을 이기며 승리할 수가 있으며 원수도 친구와 형제로 변하게 할 수가 있으며 불가능을 가능으로 만들 수가 있는 능력과 특권과 권세가 있기 때문 입니다. (창 2:17-18)
하나님이 짝지어 축복하여 주신 삼위일체 사랑의 가정을 완성하지 못하고 남편은 아내를 판단하고 정죄하고 심판하며. 아내는 남편을 원망하며 미워하며 자녀들이 서로 불화하며 싸운다면. 여호와 하나님 아버지의 마지막 진노의 심판이 있을 것입니다. (말 4:5-6 엡 6:1-3)

16. 우리들은 무덤에서 또 다시 살수가 있습니다.

하나님은 부활이 있기 때문에 우리에게 죽음을 허락하는 것이며. 하나님은 예수님처럼 언제든지 무덤에서 다시 살릴 수가 있기 때문에 죽음을 허락하는 것입니다.

성결의 영으로서 죽은 자 가운데서 무덤에서 부활하여 능력으로 하나님의 아들로 인정되는 자격을 예수님처럼 우리들에게 선물로 주기 위하여 죽음을 허락하는 것입니다.

왜냐하면. 사람이 한번 죽는 것은 사람에게 정하신 것이요 그 후에는 하나님의 공평하신 공의에 심판이 있을 것이기 때문 입니다. (요 11:25-26 히 9:27)

왜냐하면. 참새 한 마리도 하나님이 허락하지 않으면 땅에 떨어지지 않음으로 예수님처럼 죽음을 두려워하지 않으며 하나님과 부모님을 공경하며 효도하며 내 이웃에게 악을 행하지 않으며 선과 의를 행하기를 힘써야 합니다.

왜냐하면. 하나님의 아들이 나타나신 것은 죄악을 행하는 악한 자들의 악한 일을 멸하려 하심이기 때문에 예수님 처럼 마음을 다하고 목숨을 다하고 뜻을 다하여 피 흘리기까지 사탄의 세 가지 악한 죄악의 시험과 싸워서 이기며 승리 해야 하며 예수님처럼 십자가의 죽으심과 사망 권세를 이기며 최후 승리를 얻어야 합니다. (요일 3:8)

예수님처럼. 아버지의 선하신 뜻을 모두 알지 못한다 할지라도 아버지의 선하신 뜻을 믿으며 십자가에 돌아 가심으로 아버지의 선하신 뜻을 하늘에서 완성하신 것처럼 하나님과 부모님의 선하신 뜻을 모두 알지 못한다 할지라도 땅에서 부모님을 하나님처럼 먼저 공경함으로써 하늘에 있는 것이나 땅에 있는 것들이 모두 예수 그리스도 이름으로 통일

되어야 합니다. (마 6:10 엡 1:10)

왜냐하면. 귀한 생명을 선물로 주시며 이름을 지어서 불러 주신 나의 하나님과 부모님에게 영광과 찬송과 경배를 드리며 그 이름을 영화롭게 하며 성결의 영으로서 죽은 자 가운 데서 무덤에서 부활하여 능력으로 당당하게 하나님의 아들로 인정되는 권세를 예수 그리스도처럼 하나님께 선물로 받을 수가 있어야 하기 때문 입니다. (롬 1:4 빌 2:5-8)

17. 공평한 공의에 심판의 날이 정하여 졌습니다.

알지 못하던 시대에는 하나님이 허물치 아니 하셨거니 와 이제는 어디든지 사람을 다 명하사 회개하라 하셨으니 이는 정하신 사람으로 하여금. 소돔과 고모라 성처럼 살인 간음 도적질 거짓 증거하며 향락과 음행과 이웃에게 악을 행하는 자들을 불과 유황불로 심판할 날을 작정하시고 이에 저를 죽은 자 가운데서 다시 살리신 것으로 모든 사람들에게 믿을 만한 증거를 충분히 주었기 때문에 자신의 죄악을 빨리 눈물로 완전히 회개하며 슬퍼하며 통곡하며 울어야 합니다. (행 17:30-31 약 4:7-9 벧후 3:10-14 유 1:3)

20. 성경의 수학적 증명을 끝 마치면서.

{우리들은 불효 했을지라도 구원함을 받을 수 있습니다}

 1. 의인은 없나니 하나도 없으며 깨닫는 자도 없으며 모두 치우쳐 한가지로 무익하게 행하며 귀한 생명을 선물로 주시며 이름을 지어서 불러주신. 하나님과 부모님을 거역하며 불효하는 불효자이기 때문 입니다. (롬 3:10-18)

 2. 우리들은 기억하지 못하고 생각하지 못하고 잊어버리고 있었지만. 하나님과 부모님은 나의 생명을 죽음에서 구원하며 죄악에서 구원하기 위하여 십자가의 고난의 길을 울면서 걸어 갔으며 나는 수미산 보다 큰 죄악을 범했으며 내가 죄인들의 괴수이기 때문 입니다. (딤전 1:15-16)

 3. 그러나. 하나님과 부모님은 우리들을 의롭다 하시는 칭의의 특권과 친고죄의 특권과 권세와 능력이 있기 때문에 하나님과 부모님 외에는 우리들을 아무도 죄로 정죄할 수가 없기 때문 입니다. (요 3:16 렘 7:31 29:11)

 4. 왜냐하면. 하나님과 부모님은 멸망케 하시는 하나님이 아니요 우리들의 죄를 용서해 주며 살리시며 구원해 주시는 사랑과 은혜의 하나님 아버지이기 때문 입니다.

5. 왜냐하면. 하나님과 부모님은 영광과 찬송과 경배를

받기 위하여 우리를 창조한 것이 아니라. 스스로 사랑의 종이 되어서 기쁨으로 섬기기 위하여 우리들을 창조한 것이기 때문 입니다. (사 43:11 43:25 고후 4:5)

6. 그러므로. 자신의 죄악을 눈물로 완전히 회개하며 통곡하며 울어야 합니다. 정말 참 사랑의 종이 되어서 하나님과 부모님을 공경하며 효도하면 용서함을 받으며. 천국에 들어갈 수가 있으며 하나님과 부모님의 사랑하는 자녀들이 될 수가 있기 때문 입니다. (눅 15:11-32 약 4:7-10)

7. 하나님의 아들 예수님의 이름을 부르는 사람들은 누구라도 하나님께 구원함을 선물로 받을 수가 있습니다.
이것이 죄악을 행하는 사탄 마귀들은 절대로 알 수가 없는 귀한 생명을 선물로 주신 하나님과 부모님의 놀랍고 놀라운 사랑과 은혜의 비밀 입니다. (행 2:21 롬 3:21 10:13)

끝 END 2023 년 12 월에 박 정 규 드림.

{ 한 사람을 선별하여 백 만원을 선물로 드리겠습니다.}

성경의 수학적 증명의 4 가지 문제의 답과 소감을 한 페이지 이내로 적어 보내 주시는 한 분을 선별하여 백 만원을 선물로 드리겠습니다. 박 정 규 드림.

성경의 수학적 증명

1판 1쇄 발행 2024년 3월 5일

지은이 박정규

편집 이새희
마케팅·지원 김혜지

펴낸곳 (주)하움출판사   펴낸이 문현광

이메일 haum1000@naver.com   홈페이지 haum.kr
블로그 blog.naver.com/haum1000   인스타 @haum1007

ISBN 979-11-6440-548-0(03230)